Guttentagsche Sammlung
Nr. 78. Deutscher Reichsgesetze. Nr. 78.
Text-Ausgaben mit Anmerkungen.

Zigarettensteuergesetz

vom 3. Juni 1906

nebst den

Ausführungsbestimmungen und den für Preußen ergangenen allgemeinen Erlassen des Finanzministers.

Text-Ausgabe
mit Vorwort, Anmerkungen und Sachregister
von

Dr. iur. Wilhelm Cuno,
Regierungsassessor.

Berlin 1906.
J. Guttentag, Verlagsbuchhandlung,
G. m. b. H.

Inhalt.

Abschnitt II.

Zigarettensteuer-Ausführungsbestimmungen.

Zu den §§ 1 u. 2 des Gesetzes:

Zu § 3 des Gesetzes:

Seite

Einleitung.

Die vorliegende Ausgabe des Zigarettensteuergesetzes ist für den praktischen Gebrauch des täglichen Lebens bestimmt. Die dem Text beigefügten Erläuterungen enthalten, weder eine Kritik noch eine wissenschaftliche Bearbeitung des Gesetzes. Sie nehmen vielmehr nach Inhalt und Fassung allein darauf Bedacht, allen beteiligten Kreisen vor allem denjenigen, denen Ausführung und Überwachung des Gesetzes obliegt, die Bekanntschaft und das Verständnis der gesetzlichen Bestimmungen zu vermitteln und so die Schwierigkeiten in etwas zu beseitigen, welche ein neues Gesetz zumal in der ersten Zeit seiner Geltung naturgemäß mit sich bringt. Im vorliegenden Falle resultieren diese Schwierigkeiten vor allem aus der auch anderen Steuergesetzen eigenen Verweisung materiell nicht unwesentlicher Teile des Gesetzesstoffes in die Ausführungsbestimmungen sowie daraus, daß bei der Scheidung zwischen ihnen und dem Gesetz unverkennbar mehr die praktische Erwägung als die Rücksicht auf die Wahrung des inneren Sachzusammenhanges maßgeblich war. Es ist daher in erster Linie Gewicht darauf gelegt worden, diesen inneren Zusammenhang durch Verweisung auf ergänzende und verwandte Vorschriften des Gesetzes und der Ausführungsbestimmungen herzustellen.

Auf die Ausführungsbestimmungen, die im Abschnitt II im Zusammenhang wiedergegeben sind, ist hierbei nur, sofern sie die Ausführung im engsten Sinne betreffen, lediglich durch Angabe des Paragraphens verwiesen worden. Sie sind dagegen wörtlich oder doch inhaltlich angeführt, soweit sie sich auf Vorschriften beziehen, die wegen der Wichtigkeit der Materie im Gesetz selbst erwartet werden können, (z. B. die Frage der Erstattung) oder die sich — wie etwa die Vorschriften der §§ 33, 44 AB. — als Ergänzung eines im Gesetz enthaltenen Gedankens darstellen. Für diese unterschiedliche Behandlung war die Erwägung entscheidend, daß es bei dem Umfang der Ausführungsbestimmungen im Interesse der Übersichtlichkeit nicht angezeigt erscheinen konnte, die Ausführungsbestimmungen wörtlich und in vollem Umfange den einzelnen gesetzlichen Bestimmungen anzufügen, während es andererseits das Verständnis des Gesetzes mehr als zulässig beeinträchtigt haben würde, wenn in jedem Falle nur die Paragraphenzahl der entsprechenden Ausführungsbestimmung in Bezug genommen worden wäre.

Wo die Auslegung des Gesetzes oder der Ausführungsbestimmungen zu Zweifeln Anlaß gibt, sind diese — sofern sie die praktische Anwendung beeinflussen — besprochen werden. Allerdings konnte dies, wenn die Zweckbestimmung des Buches gewahrt bleiben sollte, nicht mit solcher Gründlichkeit und Ausführlichkeit geschehen, wie sie insbesondere denjenigen wünschenswert erscheinen mag, denen beruflich die Anwendung dieses Gesetzes übertragen ist. Um beim derzeitigen Mangel eines Kommentars einem tieferen Eindringen in das Gesetz wenigstens die Wege zu weisen, sind bei jedem Paragraphen die zu ihm gehörigen Stellen der Gesetzesmaterialien bezeichnet worden. Das erschien um so zweckmäßiger, als damit zugleich die Hilfsmittel für die Entscheidung unerörtert gebliebener Zweifelsfragen an die Hand gegeben werden. Denn, wenn auch in dieser Hinsicht möglichste Vollständigkeit angestrebt ist, so kann doch eine Behandlung aller Zweifelsfragen um so weniger erwartet werden, als diese sich in der Hauptsache erst aus der praktischen Anwendung ergeben und mithin zur Zeit nur solche Zweifel behandelt werden konnten, welche bei der Durchsicht des Gesetzes hervortreten oder welche sich schon in den ersten Tagen der Anwendung fühlbar gemacht haben.[1]) Deshalb wird der Verfasser Anregungen, die ihm aus dem vom Gesetze betroffenen oder mit der Ausführung betrauten Kreisen zugehen, stets dankbar entgegennehmen und bei einer etwaigen, späteren Bearbeitung berücksichtigen.

Bei Erläuterung von Bestimmungen, die uns schon

[1]) Nicht berücksichtigt werden konnte — weil nach der Drucklegung bekannt geworden — der FME. v. 10. Sept. 06, der die Anwendung des § 6 AB. auf Auslagen in den Schaufenstern zuläßt.

in früheren Gesetzen begegnen — wie z. B. die Strafvorschriften — sind die hierzu ergangenen Entscheidungen und Erlasse verwertet worden, wobei bemerkt sein mag, daß bei Zweifeln in der Anwendung vornehmlich auch die Praxis des Schaumweinsteuergesetzes zu Rate zu ziehen sein wird, das dem Zigarettensteuergesetz als Muster gedient hat.

Dagegen ist von einer Wiedergabe der Gesetzesmaterialien, wie auch von der üblichen Darstellung der Entstehungsgeschichte des Gesetzes abgesehen. Die letztere hat kein unmittelbar praktisches Interesse. Die Gesetzesmaterialien aber sind, was die Regierungsvorlage anbetrifft, für die Auslegung des Gesetzes schon deshalb nicht verwertbar, weil diese ein von dem Gesetze grundsätzlich verschiedenes Steuersystem — die Besteuerung des Zigarettenpapiers — in Vorschlag brachte. Bei den Kommissionsberatungen und den Reichstagsverhandlungen wiederum standen Fragen sozialpolitischer Natur — vor allem die Frage der Zweckmäßigkeit der Steuer und der Steuerform sowie ihrer Einwirkung auf die beteiligten Kreise — so sehr im Vordergrund der Erörterung, daß ihrem Wert für die Praxis durch die schon erwähnte Bezugnahme auf sie und durch Heranziehung bei Lösung von Zweifelsfragen hinreichend Rechnung getragen sein dürfte.

Berlin im Oktober 1906.

Dr. Cuno.

Verzeichnis der Abkürzungen.

a = Ar
a. a. O. = am angeführten Orte
AB. = Ausführungsbestimmungen zum Zigarettensteuergesetz vom 16. Juni 1906 (ZBl. S. 803)
Abs. = Absatz
Allg. Verf. } Allgemeine Verfügung des Finanzministers
Allg. V. } betreffend die Ausführung des Zigarettensteuergesetzes vom 18. Juni 1906 (ZBl. S. 775)
Aufl. = Auflage
bzw. = beziehungsweise
BGB. = Bürgerliches Gesetzbuch für das Deutsche Reich
d. h. = das heißt
d. s. = das sind
dz = Doppelzentner
f., ff. = folgende
FME. = Finanz-Ministerialerlaß
g = Gramm
GVG. = Gerichtsverfassungsgesetz vom 27. Januar 1877 in der Fassung vom 17. Mai 1898 (RGBl. S. 371 f.)
GS. = Gesetzsammlung für die Königlich Preußischen Staaten
KB. = Bericht der VI. Kommission über die Besteuerung der Zigaretten nebst den Beschlüssen (Reichstagsdrucksache Nr. 358 der 11. Legislaturperiode, II. Session 1905/6)
mm = Millimeter
Mk. = Mark
N. = Note
RDr. = Reichstagsdrucksachen der 11. Legislaturperiode (II. Session 1905/6)

RGBl. = Reichsgesetzblatt
RGE. (I, 12) = Entscheidungen des Reichsgerichts in Strafsachen (Band I Seite 12)
RG. = Reichsgesetz
RV. = Regierungsvorlage betreffend den Entwurf eines Zigarettensteuergesetzes (Nr. 10 Anlage 3 der Reichstagsdrucksachen der 11. Legislaturperiode II. Session 1905/6)
S. = Seite
sog. = sogenannt
StB. = Stenographische Berichte der Reichstagssitzungen (11. Legislaturperiode II. Session 1905/6)
StrGB. = Strafgesetzbuch für das Deutsche Reich vom 15. Mai 1871 (RGBl. 1876 S. 40)
StrPO. = Strafprozeßordnung vom 1. Februar 1877 (RGBl. 1877 S. 253)
v. (8) = Vertragstarif (Zollsatz für ein dz in Mark)
vbd. = verbunden
Vgl. = Vergleiche
VStrG. = Das Verwaltungsstrafgesetz für Preußen vom 26. Juli 1897 (GS. S. 237)
ZBl. = Zentralblatt der Abgaben-Gesetzgebung und Verwaltung in den Königlich Preußischen Staaten
z. B. = zum Beispiel
ZBl. f. d. DR. = Zentralblatt für das Deutsche Reich.
Ziff. = Ziffer
ZT. = Zolltarif.

Ohne Angabe eines Gesetzes angeführte Paragraphen beziehen sich auf das Zigarettensteuergesetz und, sofern sie im Text der Ausführungsbestimmungen enthalten sind, auf diese.

Abschnitt I.

Gesetz,

betreffend die Ordnung des Reichshaushalts und die Tilgung der Reichsschuld.

Vom 3. Juni 1906. (RGBl. S. 620 ff.)

(ausgegeben zu Berlin den 11. Juni 1906).

Wir Wilhelm, von Gottes Gnaden Deutscher Kaiser, König von Preußen 2c.

verordnen im Namen des Reichs, nach erfolgter Zustimmung des Bundesrats und des Reichstags, was folgt:

§ 1. Teile des Gesetzes.

Die anliegenden Vorschriften:

1. . . . . ,
2. wegen Besteuerung der Zigaretten,
3. 4. . . . .

treten, soweit nicht im § 8 ein anderes bestimmt ist, einheitlich zugleich mit diesem Gesetz in Kraft.

§§ 2—7. . . . .

§ 8. Dieses Gesetz tritt . . . . . mit dem 1. Juli 1906 in Kraft.

Urkundlich unter Unserer Höchsteigenhändigen Unterschrift und beigedrucktem Kaiserlichen Insiegel.

Gegeben Neues Palais, den 3. Juni 1906.

(L. S.) Wilhelm.

Fürst von Bülow.

Anlage 2.

Zigarettensteuergesetz.

§ 1.

Eingangsabgabe.[1])

Der Eingangszoll beträgt für feingeschnittenen[2]) Tabak[3]) und Zigaretten[4]) 700 Mark für einen Doppelzentner.[5])

Die Zollbefreiungen der §§ 5 und 6 Ziffer 7 des Zolltarifgesetzes vom 25. Dezember 1902 können für die genannten Tabakerzeugnisse sowie für Zigarettenhülsen und -blättchen durch den Bundesrat eingeschränkt werden.[6–8])

RB. § 26 u. S. 15, 16, 19; KB. § 1 u. S. 26, 27; RDr. Nr. 389, 438, 459; StB. S. 2981 D, 3313 D bis 3317 C; AB. §§ 1, 3, 5, 6.

[1]) Für Zigaretten und feingeschnittenen Tabak im Sinne dieses Gesetzes wird die Eingangsabgabe in § 1 neu und nicht etwa ergänzend geregelt. Der bisher auf Grund des § 1 des Gesetzes betreffend die Besteuerung des Tabakes vom 16. Juli 1879 (RGBl. S. 245 ff.) zu erhebende Eingangszoll fällt demnach in Zukunft insoweit weg. Das ist zwar im Gesetz nicht ausdrücklich bestimmt, kommt aber — sofern in dieser Beziehung überhaupt Zweifel entstehen können — im § 2 Abs. 2 zum Ausdruck, indem daselbst aus dem Ausland eingeführte Erzeugnisse der Besteuerung aus § 2 lediglich neben der Eingangsabgabe aus § 1 unterworfen werden. Wegen der Besteuerung der Auslandsprodukte vgl. § 2 N. 1 u. 12.

[2]) d. h. Tabak, der eine Schnittbreite von 2 mm oder weniger hat, sowie mit Ausnahme des Schnupftabaks aller

Tabak, der diese Zerkleinerung nicht durch Schneiden, sondern durch Zerreiben oder auf sonstige Weise erfahren hat, § 3 AB. Für anders als feingeschnittenen Tabak beträgt die Zollabgabe, wie bisher allgemein, für geschnittenen Tabak 180 Mk. für den dz (vgl. Stichwort: Tabakfabrikate Ziff. 3 des Warenverzeichnisses zum Zolltarif, in der infolge des Zigarettensteuergesetzes geänderten Fassung). Ebenso ist für unbearbeitete Tabakblätter der bisherige Zollsatz von 85 Mk. für den dz bestehen geblieben.

Daß § 3 AB. in erster Linie die Besteuerung abgrenzen soll, steht seiner Verwendung bei Bestimmung des Gegenstandes der Zollabgabe nicht entgegen. Abgesehen davon, daß die §§ 1—6 AB. in der Überschrift ausdrücklich als zu §§ 1 u. 2 des Gesetzes gehörig bezeichnet sind, muß der Umfang des Steuerobjekts für den Gegenstand der Eingangsabgabe im Zweifel auch schon deshalb maßgebend sein, weil die Bestimmung des § 1 nur eine Folge der Steuereinführung ist.

[3]) nicht nur für Zigarettentabak. Die Eingangsabgabe aus § 1 erstreckt sich also im Gegensatz zu der steuerlichen Belastung aus § 2 auch auf Tabak, der im Kleinverkaufe 3 Mk. das kg oder weniger kostet. Vgl. § 2 N. 3.

[4]) Eine Begriffsbestimmung der Zigarette ist im Gesetz nicht enthalten. Auch die AB. geben in § 5 nur Auskunft darüber, ob und inwieweit die Erzeugnisse, die der Sprachgebrauch unter dem Begriff Zigaretten zusammenfaßt oder die diesem Begriffe nahe stehen, der Steuer aus § 2 und folglich auch (vgl. N. 2) der Eingangsabgabe aus § 1 unterliegen.

I. Als Zigaretten sind demnach mit 700 Mk. für den dz statt wie bisher mit 270 Mk. zu verzollen (Nr. 220 ZT.):

a) Zigaretten mit Papierdeckblatt;
b) alle aus feingeschnittenem Tabak hergestellten Erzeugnisse von der Form der Zigarette, bei denen das

Papierdeckblatt durch Pressung entbehrlich gemacht (Preßzigaretten) oder durch eine andere Decke, etwa aus reinem Tabak oder einem Tabakerzeugnisse ersetzt ist (vgl. § 2 N. 16 zu a);

c) Zigarillos mit Einlage von feingeschnittenem Tabak, auch wenn sie mit Tabakumblatt und Tabakdeckblatt versehen sind (vgl. § 2 N. 16 zu b);

d) Sogenannte Asthmazigaretten — das sind zu Heilzwecken dienende zigarettenförmige Erzeugnisse —, sofern sie mit teilweiser Einlage von feingeschnittenem Tabak versehen sind oder aus Papier mit teilweiser Einlage von Tabak bestehen.

II. Dagegen sind von der Eingangsabgabe ausgenommen:

a) Zigarillos, die als Einlage nicht feingeschnittenen sondern ungeschnittenen oder grobgeschnittenen Tabak enthalten, und die sowohl mit Tabakumblatt als auch mit Tabakdeckblatt versehen sind. Diese sind wie Zigarren mit 270 Mk. für den dz zu verzollen (Nr. 220 ZT.; vgl. § 2 N. 16 zu b);

b) Lediglich zu Heilzwecken dienende zigarettenförmige Erzeugnisse (Asthmazigaretten usw.), sofern sie keinen Tabak enthalten, sondern etwa nur aus Asthmapapier oder aus Papier bestehen, das mit indischem Hanf oder Stechapfelkraut gefüllt ist. Sie gelten dann als Arzneiwaren und erfordern einen Zoll von 40 Mk. für den dz (Nr. 388 ZT.), während nur mit Deckblatt aus reinem Tabak oder einem Tabakfabrikate versehene Asthmazigaretten der Eingangsabgabe für Zigarren (270 Mk. für den dz) nach Nr. 220 ZT. unterliegen.

[5]) Für Zigarettenhülsen oder -blättchen ist keine Zollerhöhung eingetreten. Beide Worte sind ebenso wie das Wort Zigarettenpapier (§ 12) als neue Stichworte dem Warenverzeichnis zum Zolltarif eingefügt worden.

Die Eingangsabgabe für den dz beträgt hiernach:

A. Für Zigarettenhülsen

1. aus Papier, aus Stengeln oder Rippen von Tabakblättern 180 Mk. (Nr. 220 ZT.);
2. aus anderem Papier oder aus Pappe:
   a) mit Druck versehen 30 Mk. } (Nr. 670 ZT.);
   b) unbedruckt 15 Mk. }

B. Für zugeschnittene Zigarettenblättchen:

1. aus Papier, aus Stengeln oder Rippen von Tabakblättern 180 Mk. (Nr. 220 ZT.);
2. aus anderem Papier:
   a) lose
      1. mit Druck versehen und zwar:
         α) Metalldruck 10 Mk. (v. 8) [Nr. 656 ZT.],
         β) anderem Druck 10 Mk. (v. 6) [Nr. 657 ZT.];
      2. unbedruckt 10 Mk. (v. 6) [Nr. 655 ZT.];
   b) in Päckchen, Büchelchen oder sonstige zum Einzelverkaufe bestimmte Aufmachungen gebracht, oder zu einem sogenannten Block vereinigt:
      1. mit Druck versehen 30 Mk. } (Nr. 670 ZT.).
      2. unbedruckt 15 Mk. }

C. Für Zigarettenpapier je nach Zusammensetzung und Beschaffenheit entsprechend den Sätzen zu B. 1 u. 2a.

[6]) Die Zollfreiheit des § 5 des Zolltarifgesetzes betrifft mit der Post eingehende Warensendungen von höchstens 250 g und der Gewichtsverzollung unterliegende Waren in Mengen unter 50 g. Nach § 6 Ziff. 7 a. a. O. dagegen bleiben vom Zolle frei von Reisenden, einschließlich der Fuhrleute, zum eigenen Gebrauch während der Reise mitgeführte Verzehrungsgegenstände, sowie in einer höchstens auf zwei Tage berechneten Menge der Bedarf der Schiffer und Schiffsmannschaften.

Beide Befreiungen werden für feingeschnittenen Tabak auf Mengen unter 50 g und für Zigaretten in Verpackungen auf Mengen von 30 g und weniger, in unverpacktem Zustande auf höchstens 25 Stück beschränkt. § 1 Abs. 1 AB.

[7]) Für die Zollbehandlung der Umschließungen, in denen Zigarettentabak und Zigaretten eingehen, ist die Taraordnung und der Taratarif maßgebend. Außer den in § 4 Abs. 3 der Taraordnung aufgeführten kleinen Kisten, Körbchen und Pappkasten sind jedoch auch Umschließungen von Metall nicht zum Reingewicht zu rechnen und zwar selbst dann nicht, wenn sie zur dauernden Aufbewahrung der Ware bestimmt sind und beim Klein- oder Einzelverkauf (über den Unterschied vgl. § 5 N. 4) in der Regel in die Hand des Käufers übergehen. Sofern nicht die Ermittlung des Reingewichts durch Verwiegung beantragt wird, kann für solche Umschließungen eine Zusatztara von 20 % gewährt werden. § 1 Abs. 2 AB.

[8]) Sonstige Bestimmungen über eingeführte Produkte vgl. § 2 Abs. 2, § 3 Abs. 1 Satz 2, § 6, über Waren aus Zollanschlüssen § 32, über Ausfuhrwaren § 3 Abs. 4, § 33.

§ 2.

Steuer.

Außer den auf Grund des Tabaksteuergesetzes von dem verwendeten Tabak zur Erhebung gelangenden Abgaben [1]) unterliegen der im Inlande [2]) geschnittene Zigarettentabak [3]) und die im Inlande [2]) hergestellten Zigaretten [4]) sowie die ungefüllt zum Verkaufe gelangenden Zigarettenhüllen (Hülsen und Blättchen) [5]) einer besonderen in die Reichskasse [6]) fließenden Steuer (Zigarettensteuer) [7]), die beträgt: [8, 9])

1. für Zigaretten:

 a) im Kleinverkaufspreise [10]) bis zu 15 Mark das Tausend 1,50 Mark für 1000 Stück,

b) im Kleinverkaufspreis über 15 bis 25 Mark das Tausend 2,50 Mark für 1000 Stück,
c) im Kleinverkaufspreis über 25 bis 35 Mark das Tausend 3,50 Mark für 1000 Stück,
d) im Kleinverkaufspreis über 35 bis 50 Mark das Tausend 5 Mark für 1000 Stück,
e) im Kleinverkaufspreis über 50 bis 70 Mark das Tausend 7 Mark für 1000 Stück,
f) im Kleinverkaufspreis über 70 Mark das Tausend 10 Mark für 1000 Stück;

2. für Zigarettentabak:
a) im Kleinverkaufspreis über 3 bis 5 Mark das Kilogramm 0,80 Mark für ein Kilogramm,
b) im Kleinverkaufspreis über 5 bis 10 Mark das Kilogramm 1,60 Mark für ein Kilogramm,
c) im Kleinverkaufspreis über 10 bis 20 Mark das Kilogramm 3 Mark für ein Kilogramm,
d) im Kleinverkaufspreis über 20 bis 30 Mark das Kilogramm 4,80 Mark für ein Kilogramm,
e) im Kleinverkaufspreis über 30 Mark das Kilogramm 7 Mark für ein Kilogramm;

3. für Zigarettenhülsen und zugeschnittene [11]) Zigarettenblättchen 2 Mark für 1000 Stück.

Der gleichen Besteuerung [12]) unterliegen neben dem im § 1 festgesetzten Eingangszoll auch die aus dem Ausland eingeführten Erzeugnisse der in Ziffer 1 bis 3 bezeichneten Art. [13])

Als Zigarettentabak im Sinne dieses Gesetzes gilt aller feingeschnittene Tabak, der im Kleinverkaufe mehr als 3 Mark das Kilogramm kostet. Ausgenommen sind diejenigen vom Bundesrate zu bezeichnenden feingeschnittenen Tabake der angegebenen Art, die zur Herstellung von Zigaretten nachweislich nicht verwendet werden.[14])

Als Kleinverkaufspreis gilt der Warenpreis einschließlich der Steuer.[15])

Der Bundesrat ist ermächtigt, Tabakerzeugnisse von der Art und Form der Zigarette, bei denen das Papierdeckblatt fehlt oder durch eine andere Decke ersetzt ist, der gleichen Steuer zu unterwerfen.[16])

RV. §§ 1 u. 2, sowie S. 14, 15; KB. § 2 u. S. 28; RDr. Nr. 389, 438, 459; StB. S. 2897ff., 3314 Bff.; AB. §§ 2—6.

[1]) Nämlich die Gewichtssteuer von 45 Mk. für den dz oder bei Tabakpflanzungen von weniger als 4 a Flächeninhalt die Besteuerung des Flächenraumes in Höhe von 4,5 Pfg. für den Quadratmeter. §§ 2 u. 23 des Gesetzes betreffend die Besteuerung des Tabaks vom 16. Juli 1879 (RGBl. S. 245ff.). Ausnahmen vgl. § 16 Abs. 3 a. a. O. mit dem Zusatz aus § 23 des RG. v. 5. 4. 1885 (RGBl. S. 83). Die Abgaben gelten nur für Inlandserzeugnisse. Ihre Vergütung bei Ausfuhr der Zigaretten und des Zigarettentabaks regelt § 33. Wenn in Abs. 2 die aus dem Ausland eingeführten Erzeugnisse der gleichen Besteuerung unterworfen werden, wie die inländischen Produkte, so ist hierunter naturgemäß nur die Steuer des § 2 dieses Gesetzes, nicht etwa auch diejenige des Tabaksteuergesetzes zu verstehen. Sonst würde letztere durch Einbeziehung der Einfuhrware eine Ausdehnung erfahren, wie sie ohne ausdrückliche Bestimmung nicht als gewollt angenommen werden kann. Wegen der Eingangsabgabe für Auslandsprodukte vgl. § 1 N. 1.

[2]) Vgl. jedoch Abs. 2 u. N. 1.

[3]) Feingeschnittener Tabak im Sinne der N. 2 zu § 1, sofern er im Kleinverkaufe mehr als 3 Mk. das Kilogramm kostet (Abs. 3), es sei denn, daß die Befreiung aus den Gründen des § 28 AB. vbd. mit § 5 Abs. 3 wegfällt. Ohne Rücksicht auf den Preis sind steuerfrei der sog. „schwarze Krause" § 4 Abs. 1 AB. und Tabak in den Fällen der N. 9.

[4]) Die zu § 1 N. 4 Ziff. I aufgezählten Erzeugnisse. Vgl. hierzu unten N. 16. Ausnahmen bestehen für Reisemuster (§ 6 AB.) und Ausfuhrzigaretten (vgl. N. 9).

[5]) Gegenstände der zu § 1 N. 5 A u. B genannten Art. Die Bestimmung des Abs. 1 bezieht sich, ohne daß dies zum Ausdruck kommt, nur auf „zugeschnittene" Blättchen (vgl. Abs. 1 Ziff. 3 u. N. 11) und auf im Inland hergestellte Hüllen. Vgl. Abs. 2, dessen Bestimmung sonst, soweit sie Erzeugnisse der Ziff. 3 betrifft, überflüssig wäre. Von der Steuer ausgenommen sind Zigarettenhüllen in den Fällen der N. 9.

[6]) abzüglich der Verwaltnngskosten. Hierüber und über den an die Reichskasse abzuliefernden Betrag vgl. § 31 sowie AB. §§ 45, 46 u. AllgVerf. zu § 46.

[7]) darunter ist also über den Wortbegriff hinausgehend auch die Steuer für Zigarettenmaterial (Tabak und Hüllen) zu verstehen.

[8]) die Steuer wird für jede einzelne Packung nach ihrem Inhalt berechnet (§ 2 Abs. 1 AB.).

[9]) Steuerfrei bleiben jedoch Inlandserzeugnisse, die vor Anbringung der Steuerzeichen (§ 3) unter Steueraufsicht ausgeführt werden sowie Zigarettentabak, Zigarettenhülsen und -blättchen, die zur Abgabe an inländische Zigarettenfabrikanten behufs weiterer Verarbeitung oder Behandlung in deren Betrieben vor der Entnahme aus der Erzeugungsstätte angemeldet werden. § 3 Abs. 4 u. AB. § 22 sowie N. 17 zu § 3.

[10]) Vgl. Abs. 4 u. N. 15.

[11]) Zigarettenpapier und ungeschnittene Blättchen sind steuerfrei.

[12]) Vgl. N. 1 und wegen der Anwendung der Steuerbefreiung zu N. 9 auf eingeführte Erzeugnisse N. 17 zu § 3.

[13]) Ist ein Eingangszoll gemäß § 1 nicht zu entrichten (§ 1 AB. u. N. 6 zu § 1), so ist die Steuer — wie bei Zigarettenhüllen überhaupt (§ 2 Abs. 4 AB.) — für jede beim Eingang noch vollständige Packung zu zahlen § 2 Abs. 3 AB.

Die Fassung des Gesetzes, wonach die Steuer von den ungefüllt zum Verkauf gelangenden Hüllen zu entrichten ist, während Tabak und Zigaretten schlechthin als Gegenstand der Steuer genannt werden, könnte Anlaß zu der Annahme geben, daß Hüllen im Gegensatz zu Tabak und Zigaretten steuerfrei bleiben, wenn sie nicht im Wege des Verkaufs, etwa schenkungsweise, aus der Erzeugnisstätte verabfolgt werden. Für eine solch verschiedene Behandlung der Steuerobjekte fehlt jedoch jeder innere Grund. Daß sie vom Gesetzgeber nicht gewollt ist, dürfte überdies dem § 3 zu entnehmen sein. Er knüpft die Entrichtung der Steuer an die Entfernung aus der Erzeugungsstätte und räumt dem Zweck, dem die Entfernung dient, nur insofern einen Einfluß auf die Steuerpflicht ein, als er im Abs. 4 Steuerfreiheit eintreten läßt, wenn Tabak oder Hüllen an inländische Zigarettenfabriken zur weiteren Bearbeitung abgegeben werden. Man wird daher annehmen müssen, daß die Bezeichnung „zum Verkauf gelangend" gleichbedeutend ist mit „in den Verkehr gelangend", und daß die erstgenannte engere Fassung nur im Hinblick auf die Ausnahme des § 3 Abs. 4 gewählt ist.

[14]) Der unter dem Namen „schwarzer Krause" zum Verkauf gelangende feingeschnittene, in der Regel gestoßte Kautabak, der in Steingefäßen aufbewahrt zu werden pflegt und in feuchtem Zustand unverpackt im kleinen abgegeben wird. § 4 AB.

[15]) Einschließlich des Preises der in die Hand des Käufers übergehenden Umhüllungen (§ 2 Abs. 2 AB.). Bei Erhöhung des Kleinverkaufspreises tritt Nachversteuerung ein. § 13 AB. und N. 12 zu § 3.

[16]) Vgl. § 5 AB. und N. 41 zu § 1.

Hierzu ist zu bemerken:

a) Hinsichtlich der Form der Zigaretten: die Walzenform ist nicht die einzige Form für Zigaretten, es gibt vielmehr anders (z. B. konisch) geformte Zigaretten. Auch schließen geringfügige Abweichungen von der Walzenform, z. B. in Gestalt von Ausbauchungen es nicht aus, die Form als zigarettenähnlich anzusehen.

b) Hinsichtlich der Besteuerung der Zigarillos: Nach dem Wortlaut des § 5 AB. kann nicht zweifelhaft sein, daß die Steuerfreiheit nicht bestehen soll für Zigarillos mit Einlage von feingeschnittenem Tabak, auch wenn sie mit Tabakumblatt und Tabakdeckblatt versehen sind. Darin eine Überschreitung der in § 2 Abs. 4 statuierten Ermächtigung zu erblicken, weil diese sich nur auf Erzeugnisse mit einer Decke bezieht oder weil bei der Beratung (RDr. S. 2908D) von einem Abgeordneten die Ansicht vertreten wurde, Zigarillos aus feingeschnittenem Tabak seien nicht als Zigaretten anzusehen, ist abwegig. Nach § 2 Abs. 4 können Erzeugnisse der Steuer unterstellt werden, die mit einer andern Decke als aus Papier versehen sind, und es zwingt nichts, darunter nur eine Hülle zu verstehen, zumal die Bezeichnung „eine andere Decke" offensichtlich lediglich in bezug auf das Herstellungsmaterial gewählt ist. Die Ansicht des Abgeordneten dagegen ist, wie die Erklärung S. 2898/99 der RDr. ergibt, weder als diejenige des ganzen Reichstags anzusehen, noch auch von der Regierung unbedingt gebilligt worden. RDr. S. 2913A.

Zu a u. b vgl. FME. v. 22. August 1906 III 13706.

§ 3.

Entrichtung und Stundung der Steuer.

Die Zigarettensteuer ist vom Hersteller des Zigarettentabaks und der Zigaretten sowie der Zigarettenhülsen und -blättchen mittels Anbringung von Steuerzeichen an den Packungen[1]) (§ 5) zu entrichten, bevor die verpackten Erzeugnisse aus der Erzeugungsstätte entfernt werden.[2]) Bei eingeführten Erzeugnissen der bezeichneten Art hat die Versteuerung durch den Bezieher bei der Zollabfertigung[3]) oder, wo eine solche nicht stattfindet, innerhalb einer Frist von drei Tagen nach dem Empfange zu geschehen.[4])

Die näheren Bestimmungen über die Wertbeträge[5]) der Steuerzeichen, nach denen die Packungen einzurichten sind,[6]) über ihre Form,[7]) ihre Anfertigung,[8]) ihren Vertrieb[9]) und die Art ihrer Verwendung[10]) und Entwertung[11, 12]) trifft der Bundesrat.[13]) Er stellt die Voraussetzungen fest, unter denen für verwendete Steuerzeichen ein Ersatz[14, 14a]) und für noch nicht verwendete Steuerzeichen ein Umtausch[15]) oder eine Rückzahlung[16]) gewährt werden darf.

Steuerzeichen, die nicht in der vorgeschriebenen Weise verwendet und entwertet worden sind, werden als nicht verwendet angesehen.

Die Anbringung von Steuerzeichen ist nicht erforderlich,[17]) wenn der Zigarettentabak oder die Zigaretten, sowie die Zigarettenhülsen und -blättchen zur Ausfuhr[18]) unter amtlicher Aufsicht[19]) oder wenn der Zigarettentabak, die Zigarettenhülsen und -blättchen zur Abgabe an inländische Zigarettenfabrikanten behufs weiterer Verarbeitung oder Behandlung in ihrem Betriebe[20]) vor der Entnahme aus der Erzeugungsstätte angemeldet werden.[21])

Gegen Sicherheitsstellung[22]) ist die Steuer für eine Frist[23]) von sechs Monaten zu stunden.[24])

RV. § 6 u. S. 17; KV. § 3; RDr. Nr. 385, 438; StV. S. 2916D, 2932, 2932A, 3318A u. B; AB. §§ 7—23; Allg. Verf. zu §§ 9, 10, 16, 20, 22 AB.

[1]) Darin kommt die Erhebung des Banderolensystems zur ordnungsmäßigen Steuerform zum Ausdruck. Eine andere Zahlungsweise ist nur für sog. Arbeiterzigaretten vorgesehen. § 14 AB u. N. 17.

[2]) ebenso wie die Verpackung (§ 5). Diese kann jedoch bei Zigaretten und Zigarettentabak — nicht auch bei Zigarettenhüllen — mit Genehmigung der Direktivbehörde in von ihrer Erzeugungsstätte getrennten Betrieben vorgenommen werden. § 24 AB. Damit verschiebt sich naturgemäß auch der Zeitpunkt der Versteuerung. Ebenso findet Abs. 1 nicht Anwendung für die Verbringung fertiger Erzeugnisse von der Wohnung des Heimarbeiters nach der Fabrik. § 38 Abs. 3 AB. Dagegen gilt beim Kleinverkauf durch Inhaber Tabak verarbeitender Betriebe und Hersteller von Zigarettenhüllen (§ 9) der Verkaufsraum hinsichtlich der vom Betriebsinhaber selbst hergestellten, der Zigarettensteuer unterliegenden Waren nicht als Teil der Erzeugungsstätte im Sinne des Abs. 1. Vgl. § 33 Satz 2 AB. u. unten N. 17.

[3]) Die Anbringung und Entwertung der Steuerzeichen kann jedoch Großhändlern schon am ausländischen Herstellungsorte gestattet werden. § 29 Abs. 4 AB. u. FME. v. 16. August 1906. Über die besonderen Voraussetzungen für die Einfuhr vgl. § 6 u. AB. § 29.

[4]) Zur Entrichtung der Steuer sind nach Abs. 1 nur die Hersteller und Bezieher verpflichtet. Auf spätere Inhaber nicht ordnungsmäßig versteuerter Ware, insbesondere also Verkäufer, die ihre Ware vom inländischen Fabrikanten oder Händler erhalten, überträgt sich die Steuerpflicht nicht. Dieser Grundsatz erleidet eine Ausnahme nur für die Übergangszeit (§ 34) und im Falle der Nachversteuerung infolge Erhöhung des Kleinverkaufspreises. § 13 AB. u. N. 12. Über die Anzeigepflicht des Verkäufers beim Empfang nicht ordnungsmäßig versteuerter Waren vgl. § 16 Abs. 2 u. insbes. N. 11. Wegen der Bestrafung derjenigen, die steuerpflichtige Waren aus der Erzeugungsstätte ohne entsprechende Steuerzeichen in den Inlandsverkehr bringen vgl. § 17 Abs. 2d.

[5]) Vgl. § 8 AB.

[6]) d. h. ihrem Inhalt nach. §§ 8 Abs. 2, 25 AB. Über die äußere Form entscheidet § 26 AB. Bleibt der Inhalt zwischen zwei Wertbeträgen, so ist das Steuerzeichen des höheren Wertbetrages zu verwenden. § 8 Abs. 2 AB.

[7]) § 7 AB. und Erlaß des Reichskanzlers v. 6. Juli 1906 (ZBl. f. d. D. R. Nr. 44).

[8]) § 9 AB. u. Allg. Verf. zu § 9.

[9]) § 10 AB. u. Allg. Verf. zu § 10 sowie § 15 AB.

[10]) § 12 AB.

[11]) Die Entwertung hat vor ihrer Anbringung durch Vermerk von Firma und Sitz des Steuerpflichtigen (Herstellers oder Beziehers) zu geschehen, an dessen Stelle die Verwendung eines beim Steueramt anzumeldenden Entwertungszeichens gestattet werden kann. § 11 AB. Das Zeichen muß auf Verlangen der Steuerbehörde von Zeit zu Zeit gewechselt werden und braucht — wie schon hieraus hervorgeht — im Gegensatz zu dem anstatt der Firmenbezeichnung auf der Packung zugelassenen Warenzeichen (§ 5) nicht gesetzlich geschützt zu sein. Wird jedoch ein gesetzlich geschütztes gewählt, so ist es, ebenso wie die Angabe über Firma und Sitz des Herstellers — obwohl

zunächst nur für die Entwertung bestimmt — geeignet, zugleich gemäß § 5 Abs. 2 als Bezeichnung der Packung zu dienen. § 27 Abs. 2 AB. Die Firma des Händlers genügt hierzu jedoch nicht; das folgt aus der Verweisung auf § 11 trotz des vielleicht nicht ganz zweifelsfreien Wortlautes des § 27 Abs. 2 AB.

[12]) Erhöhung des Kleinverkaufspreises durch den Verkäufer ist zulässig, wenn die Differenz zwischen den beiden Preisen entsprechenden Steuerbeträgen durch nachträgliche Anbringung eines sog. Zuschlagsteuerzeichens entrichtet wird. § 13 AB.

[13]) Wegen der Bestrafung der Fälschung von Steuerzeichen vgl. § 25.

[14]) Ein Ersatz für verwendete Steuerzeichen erfolgt nach § 21 AB. nur durch unentgeltliche Verabfolgung anderer Steuerzeichen an den Hersteller der versteuerten Waren:

1. wenn Steuerzeichen versehentlich nicht in der vorgeschriebenen Weise oder in unrichtigem Steuerbetrag oder an unrichtigen Packungen angebracht oder unmittelbar nach der Anbringung beschädigt worden sind und die Packungen sich noch ungeöffnet in der Erzeugungsstätte oder im Zollgewahrsam befinden,
2. wenn mit Steuerzeichen versehene Packungen von Zigaretten und Zigarettentabak ohne vorherige Öffnung in den Fabrikbetrieb zurückgenommen werden,
3. wenn mit Steuerzeichen versehene bereits geöffnete Packungen von Zigaretten und Zigarettentabak in den Fabrikbetrieb zurückgenommen werden, sofern der Nachweis erbracht werden kann, daß der Inhalt der Packungen nach ihrer Öffnung nicht verändert worden ist,

und zwar im Falle 1, sofern der Wert der Steuerzeichen mindestens 1 Mk., in den Fällen 2 und 3 sofern er mindestens 10 Mk. beträgt.

Die Entscheidung über den Ersatzanspruch trifft in den Fällen zu 1 und 2 das Hauptamt, im Falle 3 die Direktivbehörde (§ 21 Abs. 2 AB., wo auch das Verfahren geregelt ist).

Wegen der Vergütung der auf Grund des Tabaksteuergesetzes erhobenen Abgaben vgl. § 33.

14a) Ein Ersatz für verdorbene noch nicht angebrachte Steuerzeichen wird auf Anweisung des Hauptamts durch unentgeltliche Verabfolgung anderer Steuerzeichen gewährt, wenn der Schaden mindestens 3 Mk. beträgt. Eine Rückzahlung des für die Steuerzeichen entrichteten Betrages ist nur in den gleichen Fällen statthaft wie zu N. 15. Vgl. hierzu und wegen des Verfahrens § 20 AB. und Allg. Verf. zu § 20 AB.

15) Noch nicht entwertete Steuerzeichen können, wenn sie unbeschädigt sind und, falls sie bereits zerschnitten sind, den Wert ganzer Bogen haben (§ 10 Abs. 2 AB.), bei der Hebestelle gegen solche mit anderen Wertbeträgen unentgeltlich umgetauscht werden. Statt des Umtausches kann mit Genehmigung der Direktivbehörde eine Rückzahlung des für die Steuerzeichen entrichteten Betrags erfolgen, wenn ein Fabrikant die Herstellung oder ein Händler die Einfuhr von der Zigarettensteuer unterliegenden Waren aufgibt. § 19 AB.

16) Diese ist nur vorgesehen in den zu N. 14 und 15 erwähnten Ausnahmefällen, nicht auch bei verwendeten Steuerzeichen.

17) In beiden Fällen tritt für die genannten Erzeugnisse Steuerfreiheit ein. Für Ausfuhrprodukte ist das in § 22 Abs. 1 AB. ausdrücklich ausgesprochen. Es würde aber auch ohnedies ebenso wie bei den zur Verarbeitung abgegebenen Hüllen und Tabak dem Umstande zu entnehmen sein, daß in beiden Fällen Freiheit von der gemäß § 3 Abs. 1 ordnungsmäßigen Erhebungsform der Banderole angeordnet ist, ohne daß — wie bei den Arbeiterzigaretten (§ 14 Abs. 2) — eine anderweite Entrichtungsweise bestimmt wird. Die Steuer gelangt bei Abgabe von Hüllen und Tabak demgemäß nur einmal und zwar von dem

fertigen Fabrikat zur Erhebung. Hierbei hat der Gesetzgeber — das läßt der Wortlaut des Abs. 4 erkennen — zunächst an inländische Erzeugnisse gedacht. Dem der Vorschrift zugrunde liegenden gesetzgeberischen Gedanken entspricht es jedoch — wie auch der FME. vom 27. August 1906 III 14060 bestimmt —, die Steuerfreiheit auf aus dem Ausland eingeführte Zigarettenhülsen und -blättchen und den Zigarettentabak im Wege der ausdehnenden Interpretation zu erstrecken, so daß bei ihnen ebenfalls abgesehen von der Eingangsabgabe aus § 1 eine Abgabe nur für das fertige Fabrikat zu entrichten ist. Die Vorschrift des § 23 AB. ist sinngemäß anzuwenden. Die daselbst vorgesehene Anmeldung hat der Verzoller zu bewirken.

Lediglich vom Banderolensystem, nicht dagegen auch von der Steuer sind ausgenommen die Arbeiterzigaretten. § 14 AB.

[18]) Dieser steht die Aufnahme in eine Zollniederlage gleich. Bei Zurücknahme der niedergelegten Waren sind sie wie ausländische zu behandeln (§ 22 Abs. 1 AB.) unterliegen also neben der Steuer auch der Eingangsabgabe. Wegen der Tabaksteuerabgabe vgl. § 33.

[19]) Eine Rückvergütung der Steuer, wenn die Ausfuhr nicht unmittelbar von der Erzeugungsstätte ohne amtliche Aufsicht stattfindet, sieht das Gesetz nicht vor.

[20]) z. B. zur Herstellung von Zigaretten oder zur Verpackung als Zigarettentabak. Auf Zigaretten hingegen, die etwa zu weiterer Ausstattung oder zur Verpackung abgegeben werden, erstreckt sich die Ausnahme des Abs. 4 nicht. Vgl. jedoch § 24 AB., wonach die Verpackung der Zigaretten in von ihrer Erzeugungsstätte getrennten Betrieben gestattet werden kann.

[21]) Das Verfahren bestimmt § 23 AB.

[22]) Für diese kommen die für die übrigen indirekten Abgaben bestehenden, allgemeinen Grundsätze zur Anwendung, ebenso für die Einziehung gestundeter Beträge vor Ablauf der Stundungsfrist. § 16 AB. und Allg. Verf. zu § 16 Abs. 1.

Zuverlässige und als hinreichend sicher bekannte Zahlungspflichtige können von den Hauptämtern für Stundungen der Zigarettensteuer auf drei Monate von der Sicherheitsleistung entbunden werden. Allg. Verf. zu § 16 Abs. 2.

[23]) Die Stundungsfrist beginnt mit dem Tage der Verabfolgung der Steuerzeichen und berechnet sich im übrigen nach §§ 187 ff. BGB. Die gestundeten Beträge sind spätestens am fünfundzwanzigsten Tage des Monates. in dem die Stundungsfrist abläuft, und wenn dieser Tag ein Sonn- oder Feiertag ist, spätestens am vorhergehenden Werktag einzuzahlen (§ 18 AB.).

[24]) Derjenige, dem Zigarettensteuer gestundet wird, hat bei jeder Verabfolgung von Steuerzeichen der Hebestelle mit dem Bestellzettel (§ 10) ein Stundungsanerkenntnis über den Steuerbetrag der verabfolgten Zeichen zu übergeben, dessen Betrag 10 Mk. erreichen muß (§ 17 Abs. 1 AB.).

§ 4.

Verjährung der Steuer.

Ansprüche auf Zahlung und Erstattung der Steuer verjähren[1]) in einem Jahre von dem Tage des Eintritts der Steuerpflicht (§ 3 Abs. 1) oder der Steuerentrichtung ab. Der Anspruch auf Nachzahlung hinterzogener[2]) Steuer verjährt in drei Jahren.[3–6])

RV. § 8; KB. § 4; RDr. 2932 C, 3318 B.

[1]) Keine Präklusivfrist, also auch keine Berücksichtigung im Prozesse von Amts wegen.

[2]) Satz 1 gilt demnach — was sein Wortlaut nicht erkennen läßt — nur für nicht hinterzogene Steuer.

[3]) Für die Berechnung der Verjährungsfrist sind die Bestimmungen des BGB. §§ 186 ff. maßgebend. Die Frist beginnt demnach mit dem auf den Eintritt des Zahlungs-

oder Erstattungsanspruchs folgenden Tage und endigt mit Ablauf der ersten bzw. dritten Wiederkehr des Tages, an welchem jener Anspruch entstanden ist.

[4]) Hemmung und Unterbrechung der Verjährung richten sich nach BGB. §§ 202 ff.

[5]) Die Wirkung der Verjährung besteht im Erlöschen der Zahlungs- bzw. Rückzahlungspflicht. Für beide Fälle ist § 222 Abs. 2 BGB., dessen Geltung auch durch § 813 BGB. nicht berührt wird, zu beachten. Ein nach Ablauf der Verjährungsfrist erstatteter Betrag kann also nicht wieder eingezogen werden.

[6]) Auf die Strafverfolgung hat die Verjährung aus § 4 keinen Einfluß. Für sie läuft zwar nach § 30 Abs. 2 auch eine drei- und einjährige Frist. Infolge der Verschiedenheit der Hemmungs- und Unterbrechungsgründe, die hinsichtlich der Strafverjährung durch RStrG. bestimmt werden, kann die Steuer bereits verjährt, die Strafverfolgung dagegen noch zulässig sein und umgekehrt.

§ 5.

Verpackungszwang.[1])

Zigarettentabak[2]) und Zigaretten sowie Zigarettenhülsen und -blättchen dürfen im Inlande[3]) vom Hersteller und Großhändler nur in vollständig geschlossenen Packungen abgegeben werden.[4]) Die Verpackung der inländischen Erzeugnisse hat, sofern nicht Ausnahmen zugelassen werden,[5]) in den Betrieben zu erfolgen, in denen sie hergestellt werden.[6, 7])

Auf jeder Packung[8]) ist der Inhalt nach Art und Menge,[9]) sowie bei Zigarettentabak und Zigaretten auch der Kleinverkaufspreis oder die Preisgrenzen der Steuerklasse[10]) (§ 2 Abs. 1) in Druckschrift anzugeben. Außerdem ist auf jeder Packung Name und Sitz der Firma des Herstellers oder des Händlers[11]) ersichtlich zu machen.[12]) Die Firmenbezeichnung des Herstellers kann durch ein gesetzlich geschütztes,[13]) der Steuerbehörde mitzuteilendes Warenzeichen ersetzt werden.[14, 15])

Die Verpflichtung zur Angabe des Preises oder der Preisgrenzen[16]) erstreckt sich auch auf solche Packungen, die feingeschnittenen Tabak im Kleinverkaufspreise von drei Mark oder weniger für ein Kilogramm enthalten.[17]) Wird solcher Tabak unverpackt verkauft, so ist der Kleinverkaufspreis an einer in die Augen fallenden Stelle des Behältnisses[18]) anzugeben.[19, 20])

Zigarettentabak, Zigarettenhülsen und -blättchen, die an Zigarettenfabriken abgegeben werden,[21]) sind unter Beobachtung der etwa vorgeschriebenen Maßnahmen von den Vorschriften der Abs. 1 bis 3 befreit. Ferner erstrecken sich diese Vorschriften nicht auf Waren der genannten Art, die zur Ausfuhr bestimmt sind (§ 3 Abs. 4).

Der Bundesrat ist befugt, im Falle der Umgehung[22]) der Zigarettensteuer beim Einzelverkaufe für diesen besondere Sicherungsmaßnahmen zu treffen oder die Vorschriften der Abs. 1 bis 3 auf alle Personen auszudehnen, die der Zigarettensteuer unterliegende Waren feilhalten, verkaufen oder sonstwie an Verbraucher abgeben.

KB. § 5, S. 3 § 5 u. S. 28 f.; RDr. Nr. 438; StB. S. 2932 C—2943 D, 3318 C, D; AB. §§ 24—28.

[1]) Der Verpackungszwang ist die notwendige Voraussetzung für die Durchführung des Banderolensystems. Ursprünglich (vgl. KB. S. 28) bestand die Absicht, den Verkauf unter Verpackungszwang als Regel aufzustellen und den Bundesrat zu ermächtigen, in besonderen Fällen den stückweisen Verkauf zuzulassen. Das Gesetz bestimmt dagegen einen Verpackungszwang nur für Hersteller und Großhändler und verleiht dem Bundesrat die Befugnis, im Falle der Umgehung der Zigarettensteuer beim Einzelverkauf für diesen besondere Sicherheitsmaßnahmen zu treffen oder den Verpackungszwang für jeden Verkauf anzuordnen. Aus dieser Entwicklung, wie aus der Fassung des Gesetzes folgt unzweideutig — wie gegenüber mehrfachen Zweifeln bei der zweiten Lesung (RDr. S. 2932 D) betont sein mag —, daß der Einzelverkauf, d. h. der stückweise Verkauf, soweit er gesetzlich erlaubt ist, vom Verpackungszwang grundsätzlich frei bleibt (vgl. hierzu N. 4). Wenn der Verpackungszwang nur die Durchführung des Banderolensystems sichern soll, dann können ihm — sofern nicht das Gegenteil besonders bestimmt ist — diejenigen Fälle nicht unterliegen, in denen eine Steuer überhaupt nicht oder nicht in der Form der Banderole erhoben wird. Die Vorschriften des Abs. 1—3 finden daher, außer in den Fällen des Abs. 4, auch auf Arbeiterzigaretten (§ 14 AB. N. 17 zu § 3) keine Anwendung. Dagegen gelten die Vorschriften des § 5, für eingeführte Erzeugnisse § 6.

[2]) Vgl. § 2 Abs. 3 u. N. 3 zu § 2. Der Verpackungszwang reicht rechtlich auch hier nur so weit als die Steuerpflicht, wenn auch tatsächlich die Verpackung in allen Fällen geboten sein mag. Um Umgehungen zu verhüten, ist jedoch die Verpflichtung zur Angabe des Preises auf Packungen mit nicht steuerpflichtigem Tabak ausgedehnt (Abs. 3 und AB. § 28).

[3]) Wegen der eingeführten Erzeugnisse vgl. § 6 u. N. 1. Wegen der Ausfuhrwaren vgl. Abs. 4 S. 2.

[4]) Darin liegt für Hersteller, einschließlich der Heim-

arbeiter und Großhändler das Verbot des Einzelverkaufs, d. h. des stückweisen Verkaufs. Eine Ausnahme bestimmt § 44 Abs. 2 AB., wonach Herstellern von Zigaretten und Zigarettengroßhändlern der Einzelverkauf von Zigaretten von der Direktivbehörde widerruflich gestattet werden kann, wenn sie einen vom Fabrikations- oder Großhändlerbetriebe räumlich derartig getrennten Kleinverkaufsbetrieb für Zigaretten unterhalten, daß eine heimliche Einbringung unversteuerter Zigaretten in die Verkaufsstätte nicht zu befürchten ist. Abgesehen hiervon sind nur Kleinhändler zum Einzelverkauf berechtigt (vgl. hierzu Abs. 5). Der Kleinverkauf, d. h. der Verkauf in Packungen im kleinen dagegen ist auch den Herstellern und Großhändlern gestattet und zwar den letzteren unbeschränkt, den Herstellern aber und überhaupt den Inhabern tabakverarbeitender Betriebe jeder Art nur in einem von dem Fabrikationsraume völlig getrennten Raume.

[5]) § 38 Abs. 3 AB. Verbringung fertiger Erzeugnisse von der Wohnung des Heimarbeiters nach der Fabrik. Außerdem kann die Direktivbehörde die Verpackung des Zigarettentabaks und der Zigaretten in von der Erzeugungsstätte getrennten Betrieben genehmigen, wohin die Überführung unter besonderen Aufsichtsmaßregeln zu erfolgen hat (§ 24 AB.). Bei Inhabern tabakarbeitender Betriebe und bei Herstellern von Zigarettenhüllen dagegen ist der Verkaufsraum hinsichtlich der von den Betriebsinhabern selbst hergestellten der Zigarettensteuer unterliegenden Ware als Teil der Erzeugungsstätte nicht anzusehen. Das folgt aus der Bestimmung des § 33 S. 2 AB., da die Verpackung der Versteuerung zeitlich vorauszugehen hat.

[6]) Wer der Zigarettensteuer unterliegende Ware aus der Erzeugungsstätte in den Inlandsverkehr bringt, ohne daß sie vorschriftsmäßig verpackt und bezeichnet sind, verfällt der Defraudationsstrafe (§ 17 Abs. 2d. Die Waren unterliegen außerdem der Einziehung (§ 23).

[7]) Über die Anzeigepflicht des Verkäufers beim

Empfang nicht vorschriftsmäßig verpackter und bezeichneter Waren vgl. § 16 Abs. 2 u. insbesondere N. 11 dazu.

[8]) Deren Größe ist in § 25 AB. den einzelnen Wertbeträgen der Steuerzeichen in § 8 AB. (N. 6 zu § 3) entsprechend bestimmt. Wegen der äußeren Einrichtung vgl. § 26 AB.

[9]) Bei Packungen von Zigarettentabak bleiben durch Austrocknen oder Anziehen von Feuchtigkeit verursachte Gewichtsunterschiede bis zu 15 % unberücksichtigt (§ 25 AB.).

[10]) Diese können für die einzelne Packung oder bei Zigaretten für 1000 Stück, bei Zigarettentabak für 1 kg berechnet, angegeben werden. Erfolgt die Preisangabe ohne Zusatz, so wird angenommen, daß sie sich lediglich auf den Inhalt der Packung bezieht (§ 27 Abs. 1 AB.). Um jedwede Beschädigung der Umhüllung zu vermeiden, kann die Preisangabe, statt unmittelbar auf der Packung, in dem Entwertungsfelde des Steuerzeichens (§ 7) mittels Stempelung oder Druck angebracht werden (§ 27 Abs. 2 AB.).

[11]) Dadurch wird dem Interesse der Warenhäuser und kleiner Fabrikanten Rechnung getragen, welche alle oder doch die billigeren mit Maschinenarbeit hergestellten Zigarettensorten vom Großfabrikanten beziehen aber mit Rücksicht auf den Umfang ihres Bedarfs eigene Marken zu führen berechtigt sind.

[12]) Die Angaben können auch in dem auf dem Steuerzeichen anzubringenden Entwertungsvermerk (§ 11 AB.) aufgenommen werden. § 27 Abs. 2 AB. Jedoch ist hierzu nur die Firmenbezeichnung des Herstellers und das Warenzeichen geeignet. Vgl. § 3 N. 11.

[13]) Im Gegensatz zu dem Entwertungszeichen aus § 11 AB. Vgl. § 3 N. 11.

[14]) Bei der Anmeldung ist der Nachweis zu liefern, daß das Zeichen ihm gesetzlich geschützt ist. Vgl. § 27 AB.

[15]) Wegen der Nachprüfung der Vorschriftsmäßigkeit der Packungen vgl. § 8 Abs. 1. Bestrafung bei Vorschriftswidrigkeit vgl. N. 2 und 3.

16) Eine Angabe des Gewichts ist bei diesem Tabak nicht erforderlich. AB. § 28.

17) Ein Verpackungszwang besteht rechtlich nicht; vgl. N. 3.

18) Aus dem der Verkauf unmittelbar erfolgt. § 28 AB.

19) Die Preisangabe muß für den Käufer unzweifelhaft erkennen lassen, daß der Kleinverkaufspreis nicht mehr wie 3 Mk. für 1 kg beträgt.

20) Ist die Bestimmmung in der in N. 19 angegebenen Weise nicht erfolgt, so entfällt die Steuerfreiheit. § 28 AB.

21) Sofern die Abgabe behufs weiterer Verarbeitung oder Behandlung in ihrem Betriebe erfolgt, denn die Befreiung vom Verpackungszwang hat ihren Grund in der in § 3 Abs. 4 bestimmten Ausnahme vom Banderolensystem und muß sich demgemäß inhaltlich im Zweifel mit dieser decken. Die Ausnahme vom Verpackungszwang erstreckt sich auch auf eingeführte Hüllen und Tabak. Vgl. § 6 N. 2 und 3 N. 17.

22) Über den Begriff der Umgehung geben weder Gesetz noch Materialien Auskunft (vgl. RDr. S. 2938 B und 2943 D). Nach dem juristischen Sprachgebrauch sind darunter nicht nur contra legem begangene Handlungen (d. h. Gesetzesverletzungen), sondern auch solche in fraudem legis, d. h. Tatumstände zu verstehen, die den vom Gesetz gemißbilligten Erfolg auf Umwegen — unter Wahrung des Gesetzes dem Wortlaut nach — erreichen.

§ 6.

Vorschriften für die Einfuhr. 1)

Die Vorschriften des § 5 2) gelten auch für die eingeführten Erzeugnisse der im § 1 Abs. 1 bezeichneten Art sowie für eingeführte Zigarettenhülsen und -blättchen. 3) Es kann jedoch zugelassen werden, daß die Verpackung erst im Inlande vorgenommen wird. 4)

Eingeführte Zigarettentabake und Zigaretten, auf deren Packungen die im § 5 Abs. 2 vorgeschriebenen Preisangaben fehlen, sind nach den höchsten Sätzen des § 2 Ziffer 1 und 2 zu versteuern.[5])

KB. § 6; RDr. Nr. 438; StB. S. 2944 B—2945 A, 3318 D; AB. § 29.

[1]) Vgl. hierzu §§ 1 u. 2 Abs. 2.

[2]) einschließlich der im Abs. 2 u. 3 enthaltenen sowie der Ausnahme in Abs. 4 S. 1, vgl. § 5 N. 21, § 3 N. 7. Der Antrag RDr. Nr. 438, nur die Vorschriften des § 5 Abs. 1 gelten zu lassen, wurde nicht angenommen.

[3]) Entsprechen die Packungen ausländischer Waren nicht den gesetzlichen Bestimmungen, so dürfen sie nur eingeführt werden, wenn der Einbringer bereit ist, sie vorschriftsmäßig zu verpacken, umzupacken oder nach den Sätzen der nächstgrößeren Packung zu versteuern. § 29 Abs. 1 AB.

[4]) unter amtlicher gebührenpflichtiger Aufsicht, § 29 Abs. 1 Satz 2 AB.

[5]) Wegen des Zeitpunkts der Versteuerung von Auslandswaren vgl. § 3 Abs. 1 u. AB. § 29 Abs. 2—4. Großhändlern kann auf Ansuchen durch die oberste Landesfinanzbehörde unter den von dieser zu bestimmenden Bedingungen widerruflich gestattet werden, die Steuerzeichen am ausländischen Herstellungsorte anzubringen und die Zeichen durch den ausländischen Hersteller entwerten zu lassen. Wegen der Bedingungen vgl. FME. vom 16. August 1906 (Abschnitt III d. Buches).

§ 7.

Vorschriften für die Betriebe. Anmeldung des Betriebs und der Räume.[1])

Wer gewerbsmäßig[2]) Zigarettentabak, Zigaretten, Zigarettenhülsen oder -blättchen herstellen will, hat dies vor der Eröffnung des Betriebs[3]) unter Bezeichnung der Erzeugnisse, deren Herstellung beabsichtigt ist, der Steuerbehörde schriftlich anzuzeigen und gleichzeitig eine Beschreibung der Betriebs- und Lagerräume sowie der damit in Verbindung stehenden oder unmittelbar daran angrenzenden Räume vorzulegen.[4-6])

Die gewerbsmäßige[7]) Herstellung von Zigarettentabak und Zigaretten darf nur in den angemeldeten Betriebsräumen erfolgen.[8])

KB. § 7 u. S. 29, 30; RDr. Nr. 370; StB. S. 2945 B bis 2961 D, 3318 D; AB. §§ 30, 31, 41.

[1]) Für Händler setzt § 15 eine ähnliche Pflicht fest.

[2]) Daher wird die Vorschrift des § 7 in der Regel — sofern nicht besondere Umstände das Kriterium der Gewerbsmäßigkeit als gegeben erscheinen lassen — keine Anwendung finden bei Selbstanfertigung der Zigaretten durch Privatleute (vgl. StB. S. 2949 C, 2952 A).

[3]) ohne Rücksicht auf dessen Umfang.

[4]) Wegen der Anmeldungen vgl. § 30 AB. u. § 8 Abs. 1; wegen Anzeige der eingetretenen Veränderungen vgl. § 8 Abs. 2, des Besitzwechsels vgl. § 10.

[5]) Die Anmeldungspflicht erstreckt sich auch auf die vom Fabrikanten beschäftigten Heimarbeiter. Sofern diese keine gesonderten Arbeitsräume haben, wird ihr genügt durch Aufnahme von Namen und Wohnung der Arbeiter in das gemäß § 38 AB. zu führende Heimarbeitsbuch. Andernfalls gilt § 7 Abs. 1 (AB. § 31).

[6]) Zuwiderhandlungen gegen die Anzeigepflicht werden als Defraudation bestraft, § 17 Abs. 2 a.

[7]) nicht auch Anfertigung zum persönlichen Gebrauch.

[8]) Erleichterungen von den Bestimmungen des § 7 läßt § 41 AB. zu. Vgl. auch § 31 Abs. 3 AB.

§ 8.

Die Steuerbehörde ist ermächtigt,[1]) auch Angaben über die Verpackungsart der Waren sowie gegen entsprechende Entschädigung[2]) die Hinterlegung von Proben der einzelnen Packungen[3]) zu verlangen.

Bei jeder Änderung der angemeldeten Verhältnisse (§§ 7, 8) hat alsbald[4]) eine Berichtigung oder Ergänzung der Angaben zu erfolgen.[5])

KB. § 8 u. S. 31; StB. S. 2965 A, 3318 D; AB. §§ 32, 41 u. Allg. Verf. zu § 32.

[1]) Dies hat bis auf weiteres in allen Fällen zu geschehen. In der Regel wird jedoch die Hinterlegung von Verpackungsproben ohne Inhalt genügen, vgl. § 32 AB.

[2]) Die von den Bundesstaaten aus der Verwaltungskostenvergütung (§ 31, AB. § 45) zu zahlen ist. § 32 Abs. 3 AB. In Preußen ist die Entschädigung aus dem Bureaubedürfnisfonds der beteiligten Bezirkshauptämter zu entrichten. AllgVerf. zu § 32 AB.

[3]) Über deren Vorschriftsmäßigkeit entscheidet in Zweifelsfällen die Direktivbehörde, § 32 Abs. 4 AB. Wegen ihrer Beschaffenheit vgl. § 5 Abs. 2.

[4]) d. h. ohne schuldhaftes Zögern.

[5]) Zuwiderhandlungen werden im Gegensatz zu den Verstößen gegen die Anmeldungspflicht aus § 7 (N. 6 zu § 7) als Ordnungswidrigkeit aus § 20 bestraft.

§ 9.

Kleinverkauf der tabakverarbeitenden Betriebe und der Hersteller von Zigarettenhülsen und -blättchen.

Inhaber tabakverarbeitender Betriebe jeder Art,[1]) die neben der Anfertigung von Tabakerzeugnissen den Kleinverkauf von Zigarettentabak oder von Zigaretten betreiben wollen, sowie Hersteller von Zigaretten=hülsen und =blättchen, die diese Erzeugnisse[2]) im kleinen[3]) abgeben wollen, haben dies unter genauer Beschreibung der Räume, in denen der Kleinverkauf stattfinden soll,[4]) der Steuerbehörde anzuzeigen.[5]) Die Betriebe[6]) unterliegen den von dieser Behörde zur Sicherung des Steuereinganges anzuordnenden Maßnahmen.[7])

KB. § 9; StB. S. 2964B—2965A, 3318D; AB. §§ 33, 41.

[1]) auch solche, die Rauchtabak oder Zigarren herstellen. Vgl. hierzu FMC. v. 5. 9. 06 — III 14702 —. Die Vorschrift gilt jedoch nur für den Kleinverkauf und zwar ohne Rücksicht darauf, ob er gewerbsmäßig betrieben werden soll oder nicht. Für den Einzelverkauf sind besondere strengere Vorschriften gegeben, vgl. § 44 AB. u. § 5 N. 4.

[2]) Darunter sind, was nach der Fassung des § 33 AB. zweifelhaft sein kann, nur Zigarettenhülsen und =blättchen zu verstehen.

[3]) Gleichbedeutend mit Kleinverkauf. Vgl. § 5 N. 4.

[4]) Diese müssen vom Fabrikationsraume völlig getrennt sein, §§ 33 AB. d. h. so daß nicht zwischen ihnen ein leichter, der Aufmerksamkeit der Steuerbehörde sich entziehender Verkehr möglich ist. Daß beide Räume sich in verschiedenen Gebäuden befinden, ist nicht erforderlich. Vgl. hierzu § 44 AB. über die Voraussetzungen des Einzelverkaufs.

[5]) Hinsichtlich der vom Betriebsinhaber hergestellten Waren gilt der Verkaufsraum für die Versteuerung (§ 3 N. 2) und daher auch für die Verpackung (§ 5 N. 5) nicht als Teil der Erzeugungsstätte. Auch dürfen in ihm weder unversteuerter Zigarettentabak und unversteuertes Zigarettenpapier noch zur Herstellung von Zigaretten geeignete Einrichtungen oder Werkzeuge vorhanden sein. § 33 AB.

[6]) soweit sie nach dem vorhergehenden Satz anmeldungspflichtig sind.

[7]) Die Vorschriften des § 33 AB. finden auch auf Heimarbeiter Anwendung (§ 38 Abs. 4 AB.). Einzelverkauf würde ihnen als Herstellern nur nach § 44 AB. zu gestatten sein.

§ 10.

Bezeichnung des Besitzers und Betriebsleiters.

Jeder Wechsel im Besitz eines mit der Herstellung von Zigarettentabak oder Zigaretten sowie von Zigarettenhülsen oder -blättchen sich befassenden Betriebs[1]) ist der Steuerbehörde binnen einer Woche vom neuen Besitzer anzuzeigen.[2])

Wird ein Betrieb vom Besitzer nicht selbst geleitet, so hat letzterer der Steuerbehörde diejenige Person zu bezeichnen, die als Betriebsleiter in seinem Namen und Auftrage handelt.[3])

KB. § 10; StB. S. 2965A, 3318D.

[1]) nicht also darüber hinaus, auch jedes tabakverarbeitenden Betriebes im Sinne des § 9, der nach dessen Vorschrift wegen des Kleinverkaufs von Zigaretten oder Zigarettentabak der Anmeldungspflicht und steuerlichen Aufsicht unterliegt. Vgl. eine ähnliche Bestimmung in § 5 des Tabaksteuergesetzes für Besitzer von Tabakpflanzungen.

[2]) Die Anzeigepflicht ist eine Ergänzung zu den Vorschriften der §§ 7, 8.

[3]) und für deren Zuwiderhandlungen er haftet § 21.

§ 11.

Lagerung der fertigen Erzeugnisse; Buchführung.[1])

Zigarettentabak und Zigaretten sowie Zigarettenhülsen und -blättchen dürfen nur in den angemeldeten

Räumen (§ 7)[2]) gelagert und verpackt werden.[3]) Über Zu- und Abgang der Erzeugnisse sind Anschreibungen zu führen,[4]) die der Bestimmung der Steuerbehörde entsprechend aufzubewahren und den Beamten zugänglich zu halten sind.[5])

Die Bestände sind von Zeit zu Zeit[6]) amtlich festzustellen und mit den Anschreibungen zu vergleichen.[4]) Von der Erhebung der Steuer für Fehlmengen ist abzusehen, wenn und soweit dargetan wird, daß eine Steuerhinterziehung nicht stattgefunden hat, sondern daß die Fehlmengen auf andere, eine Steuerschuld nicht begründende Umstände zurückzuführen sind.[5, 7, 8])

KB. § 11; StB. S. 2965B — 2966A, 3318D; AB. §§ 34, 35, 37, 38, 41.

[1]) § 11 gilt nur für die Hersteller nicht auch für Händler und bezieht sich auf die Erzeugnisse (Zigaretten, Zigarettentabak und -hüllen), während die in § 12 erwähnten Anschreibungen das Material an Rohtabak und Zigarettenpapier betreffen.

[2]) Als Lagerräume sind besondere Räume oder wenigstens besondere Teile der Betriebsräume zu verwenden. Vgl. hierüber § 34 AB.

[3]) Aufbewahrung in anderen als den angemeldeten Räumen gilt als Defraudation. § 17 Abs. 2b.

[4]) Vgl. hierzu § 35 AB. Zigarettenfabriken, die Zigarettentabak und -hüllen nur für den eigenen Gebrauch herstellen, sind von einer besonderen Buchführung befreit. § 35 Abs. 3 AB. Ähnlich für das Rohmaterial § 36 AB. (N. 1 zu § 12). Hierzu vgl. wegen der Steuerfreiheit des anderweit bezogenen Materials § 3 Abs. 4.

[5]) Unrichtige Führung der Anschreibung ist Defraude. § 17 Abs. 2c.

[6]) Jährlich mindestens einmal durch einen Oberbeamten. § 37 Abs. 1 AB.

[7]) Die Entscheidung steht dem Hauptamt zu. § 37 Abs. 1 AB. Hält es den — dem Steuerpflichtigen obliegenden — Beweis für erbracht, ist natürlich für eine Bestrafung kein Raum. Anderenfalls ist der Sollbetrag für die Steuerhöhe maßgeblich und, wenn hinreichender Verdacht einer Hinterziehung gegeben ist, die Strafverfolgung einzuleiten.

[8]) Im Anschluß an die der Aufsicht dienenden und insofern innerlich verwandten Bestimmungen für den Hersteller in §§ 7 ff. trifft § 38 AB. Aufsichtsmaßnahmen für Heimarbeiter. Die Fabrikanten haben ein Heimarbeitsbuch zu führen und in ihm außer Wohnung und Namen der Heimarbeiter (vgl. N. 5 zu § 7 u. AB. § 31) für jeden Arbeiter gesondert, jede Abgabe von Tabak oder Zigarettenpapier und die Rücklieferung der daraus hergestellten Erzeugnisse einzutragen und etwaige Gewichts- oder Mengenunterschiede festzustellen. Bleiben die Rücklieferungen hinter den Abgaben in einem den gewöhnlichen Fabrikationsabgang überschreitenden Umfange zurück, so hat der Fabrikant der Steuerbehörde davon Anzeige zu erstattten. (Unterlassen der Anzeige ist strafbar nach § 20.) Für die Verbringung fertiger Erzeugnisse von der Wohnung des Heimarbeiters nach der Fabrik haben die Vorschriften der §§ 3 Abs. 1 und 5 Abs. 1 keine Geltung. Die bezüglich des Kleinverkaufs von der Zigarettensteuer unterliegenden Waren für den Hersteller gegebenen Vorschriften (§ 33 AB.) finden auch auf die Heimarbeiter Anwendung.

§ 12.

Nach Ermessen der Steuerbehörde kann die Verpflichtung zur Führung von Anschreibungen auch auf den für die Verarbeitung bezogenen Tabak sowie auf das für die Verarbeitung bezogene Zigarettenpapier ausgedehnt werden.[1])

KB. § 12; StB. S. 2966A, 3318D. AB. §§ 36, 41.

[1]) Dies ordnet bis auf weiteres § 36 AB. an mit der Maßgabe, daß Zigarettenfabrikanten, die Hülsen und Blättchen nur für ihren eigenen Zigarettenbetrieb herstellen, von der Buchung des bezogenen Papiers befreit werden können. Vgl. § 11 N. 1.

§ 13.

Aufsichtsbefugnis der Steuerbeamten.[1])

Die Betriebe,[2]) die sich mit dem Schneiden von Zigarettentabak oder mit der Herstellung von Zigaretten, Zigarettenhülsen oder -blättchen befassen, unterliegen der steuerlichen Aufsicht. Die Steuerbeamten sind befugt, die Betriebs- und Lagerräume, solange sie geöffnet sind oder darin gearbeitet wird, zu jeder Zeit, andernfalls von morgens 6 Uhr bis abends 9 Uhr zu besuchen.[3])

Bei Fabriken erstreckt sich die Aufsichtsbefugnis auf alle Räume der Fabrik sowie auf die mit ihr in Verbindung stehenden oder unmittelbar daran grenzenden Räume. Sofern diese Räume verschlossen sein sollten, müssen sie während der angegebenen Zeit auf Verlangen der Steuerbeamten sofort geöffnet werden. Die Zeitbeschränkung fällt fort, wenn Gefahr im Verzuge liegt.[4])

KB. § 13 u. S. 31; StB. S. 2966 B—D, 3318 D; AB. §§ 39 Abs. 1, 40, 41 u. Allg. Verf. zu § 39.

[1]) Vgl. hierzu die Strafbestimmungen des § 20 a u. b und § 22.

[2]) Auch die Räume der Heimarbeiter (§ 40 AB.).

[3]) Zahl und Ausführung bestimmt der Finanzminister (§ 39 Abs. 1 AB. u. Allg. Verf. dazu).

[4]) Abs. 2 erstreckt sich nicht auf Heimarbeiter, wie aus § 40 AB. durch argumentum e contrario folgt. Daher bleibt ihnen gegenüber auch bei Gefahr im Verzuge die Zeitbeschränkung des Abs. 1 für die steuerlichen Revisionen bestehen.

§ 14.

Hilfeleistung bei der Ausübung der Steueraufsicht.

Der Betriebsinhaber hat den Steuerbeamten[1]) jede im Steuerinteresse oder zu statistischen Zwecken erforderliche Auskunft über den Betrieb zu erteilen und bei allen zum Zwecke der Aufsicht oder Abfertigung stattfindenden Amtshandlungen die Hilfsdienste zu leisten oder leisten zu lassen, die notwendig sind, damit die Beamten die ihnen obliegenden Geschäfte in den vorgeschriebenen Grenzen vollziehen können.[2]) Insbesondere ist auch für Beleuchtung zu sorgen.

Den Oberbeamten[3]) der Steuerverwaltung sind die auf den Einkauf des Rohtabaks sowie auf die Herstellung und den Verkauf von der Zigarettensteuer unterliegenden Erzeugnissen sich beziehenden Geschäftsbücher und Geschäftspapiere auf Erfordern zu jeder Zeit zur Einsicht vorzulegen.[4])

RV. § 14; KB. § 14; RDr. Nr. 389;
StB. S. 2966 f., 3318 D; AB. §§ 39 Abs. 2, 41.

[1]) Nicht nur den Oberbeamten wie in Abs. 2.

[2]) Und zwar auf Grund dieses Gesetzes und der AB.

[3]) Als solche gelten Oberkontrolleure, ihnen gleichgestellte oder übergeordnete Beamte sowie Beamte, denen die Direktivbehörde oder das Hauptamt die Befugnisse der Oberkontrolleure übertragen hat (§ 39 Abs. 2 AB.).

[4]) Zuwiderhandlungen verstoßen gegen § 20b. Auch § 22 ist anwendbar.

§ 15.

Handel mit der Zigarettensteuer unterliegenden Waren.[1])

Wer sich gewerbsmäßig mit dem Verkaufe[2, 3]) von Zigarettentabak und Zigaretten sowie von Zigarettenhülsen und -blättchen befassen will, hat dies vorher der Steuerbehörde anzuzeigen und den Beamten der Steuerverwaltung seine Vorräte an Waren der bezeichneten Art zum Nachweise, daß sie mit den vorgeschriebenen Steuerzeichen versehen sind,[4]) zu den üblichen Geschäftsstunden auf Verlangen vorzuzeigen.[5, 6])

Die Steuerbehörde kann verlangen, daß Niederschriften einzelner Teile dieses Gesetzes und der Ausführungsbestimmungen in den Verkaufsstätten an in die Augen fallender Stelle ausgehängt werden.[7])

KB. § 15; StB. S. 2967 C—2968 A, 3318 D; AB. §§ 43 f. u. Allg. Verf. zu § 43.

[1]) § 15 entspricht den in § 7 für Händler gegebenen Vorschriften und wird ergänzt durch § 9.

[2]) Groß-, Kleinverkauf oder Einzelverkauf, aber der Verkauf muß ein gewerbsmäßiger sein.

[3]) Wegen des Klein- und Einzelverkaufs vgl. noch N. 4 zu § 5, § 9 insbesondere N. 4, sowie § 33 AB.

und die zu § 15 gegebenen Vorschriften des § 44 AB., wonach den Herstellern von Zigaretten und denjenigen Personen, die Großhandel mit Zigaretten betreiben, nach § 5 Abs. 1 des Gesetzes der Einzelverkauf nicht erlaubt ist, ihnen aber der Einzelverkauf mit Zigaretten widerruflich gestattet werden kann, wenn sie einen von dem Fabrikations- und Großhandelsbetriebe räumlich derart getrennten Kleinverkaufsbetrieb für Zigaretten unterhalten, daß eine heimliche Einbringung unversteuerter Zigaretten in die Verkaufsstätte nicht zu befürchten ist (§ 44 AB.).

4) Andernfalls tritt Bestrafung aus § 17 Abs. 2e und Einziehung aus § 23 ein.

5) Wegen der Anzeigepflicht der Verkäufer beim Empfang nicht ordnungsmäßig verpackter, bezeichneter oder versteuerter Waren vgl. § 16 Abs. 2.

6) Über die grundsätzliche Steuerfreiheit des Verkäufers, sofern er nicht unmittelbar vom Auslande bezieht, vgl. § 3 N. 4; über die Pflicht zur Nachversteuerung vgl. § 3 N. 4 u. 12; über die Verpflichtung zur Versteuerung der Bestände in der Übergangszeit vgl. § 34.

7) Ein solcher Aushang hat bis auf weiteres in allen Verkaufsstätten für Zigaretten zu erfolgen, deren Inhaber nicht ausdrücklich und schriftlich auf den Einzelverkauf verzichtet haben. Über Inhalt und Fassung bestimmt § 43 AB. u. Allg. Verf. d. FM. v. 18. Juni 1906 hierzu das Nähere.

§ 16.[1]

Die Steuerzeichen sind an den Packungen solange zu erhalten, bis diese geöffnet werden.[2] Geöffnete, ganz oder teilweise entleerte Packungen dürfen mit Zigaretten, Zigarettentabak, Zigarettenhülsen oder -blättchen nicht nachgefüllt werden.[3] Der Einzelverkauf darf nur aus den zugehörigen Umschließungen erfolgen.[4-6]) Geleerte Umschließungen sind alsbald zu vernichten.[7])

Wer als Verkäufer[8]) Zigarettentabak, Zigaretten, Zigarettenhülsen oder -blättchen empfängt,[9]) die nicht in der vorgeschriebenen Weise verpackt, bezeichnet und mit Steuerzeichen versehen sind,[10]) hat innerhalb einer Frist von drei Tagen der Steuerbehörde Anzeige zu erstatten.[11])

KB. § 16 u. S. 31; RDr. Nr. 438;
StB. S. 2968 A—C, 3318 D; AB. § 42.

[1]) § 16 ist eine Ergänzung der Bestimmungen des § 15 und gilt daher wie dieser nur für gewerbsmäßige Händler.

[2]) In den Verkaufsstätten darf für den Einzelverkauf von jeder Sorte nur eine Umschließung geöffnet sein (§ 42 Abs. 1 AB.).

[3]) Wer geöffnete mit Steuerzeichen versehene Packungen nachfüllt, begeht Defraude (§ 17 Abs. 2 f.).

[4]) Solange aus ihnen verkauft wird, muß das daran angebrachte Steuerzeichen in allen Teilen erkennbar erhalten bleiben (§ 42 Abs. 1 AB.).

[5]) Er hat in der Weise zu geschehen, daß die Zigaretten unmittelbar den mit Steuerzeichen versehenen zugehörigen Umschließungen entnommen werden (§ 42 Abs. 1 AB.).

[6]) Aus Luxuspackungen, die mit einer Papierhülle umgeben sind und bei denen das Steuerzeichen um die Papierhülle gelegt ist (§ 12 Abs. 3 AB.), ist der Einzelverkauf nicht gestattet (§ 42 Abs. 2 AB.).

[7]) indem sie unter Beseitigung oder Unkenntlichmachung der Steuerzeichen zur Wiederverwendung als Zigarettenpackung unbrauchbar gemacht und aus der Verkaufsstätte entfernt werden (§ 42 Abs. 1 AB.).

[8]) d. h. zum Zwecke der Weiterveräußerung. Demgemäß bezieht sich die Anzeigepflicht nicht auf Waren, die

zum persönlichen Gebrauch dienen sollen, und zwar folgerichtig auch dann, wenn der Empfänger ein Händler ist.

[9]) Von wem — insbesondere ob unmittelbar von Fabrikanten — ist gleichgültig. Die Anzeigepflicht fällt jedoch weg, wenn Verkäufer und Hersteller eine Person ist oder wenn der Verkäufer die Waren als Bezieher versteuern müßte, da niemand verpflichtet werden kann, seine eigene strafbare Handlung — hier die Nichtversteuerung — anzuzeigen.

[10]) Die Bestimmungen über Verpackung, Bezeichnung und Versteuerung geben die §§ 3 u. 5.

[11]) Wer dies unterläßt, setzt sich der Bestrafung auf Grund des § 20 aus. Mit ihr würde Begünstigung aus § 257 StrGB. ideal konkurrieren, wenn etwa die Anzeige wissentlich unterlassen ist, um den Hersteller der Bestrafung wegen Defraudation zu entziehen oder um ihm deren Vorteile zu sichern. Vgl. Stenglein, Die strafrechtlichen Nebengesetze des Deutsch. Reichs 3. Aufl., Berlin 1903 S. 1324 Z. 4. Der Zigarettensteuer unterliegende Waren, die nicht ordnungsmäßig verpackt, bezeichnet und mit Steuerzeichen versehen sind, unterliegen ferner der Einziehung (§ 23), und wer solche Waren aus der Erzeugungsstätte in den Inlandsverkehr bringt, begeht Defraudation. § 17 Abs. 2d. Des gleichen Vergehens machen sich Verkäufer schuldig, die nicht ordnungsmäßig mit Steuerzeichen versehene Waren in Gewahrsam haben. § 17 Abs. 2e. Mängel in der Verpackung und Bezeichnung werden damit in der Regel verbunden sein, begründen aber die Anwendung des § 17 Abs. 2e nicht.

§ 17.

Strafvorschriften.[1]) Defraudation.

Wer[2]) es unternimmt[3]), die Zigarettensteuer[4]) zu hinterziehen[5]), macht sich der Defraudation schuldig.[6–9])

Die Defraudation wird insbesondere als vollbracht angenommen[10]):

a) wenn mit der Herstellung von der Zigarettensteuer unterliegenden Waren begonnen wird, bevor die Anzeige des Betriebs in der vorgeschriebenen Weise erfolgt ist (§ 7);

b) wenn der Zigarettensteuer unterliegende Waren vom Hersteller in anderen als den hierfür angemeldeten Räumen aufbewahrt werden (§ 11);

c) wenn die vorgeschriebenen Anschreibungen unrichtig geführt werden (§§ 11, 12);

d) wenn der Zigarettensteuer unterliegende Waren aus der Erzeugungsstätte[11]) in den Inlandsverkehr gebracht werden, ohne daß sie in der vorgeschriebenen Weise verpackt und auf den Packungen mit den im § 5 vorgeschriebenen Angaben und mit den entsprechenden Steuerzeichen versehen sind;[12])

e) wenn Verkäufer der Zigarettensteuer unterliegende Waren im Gewahrsam haben, die der Vorschrift dieses Gesetzes zuwider mit den erforderlichen Steuerzeichen (§ 3) nicht versehen sind;

f) wenn geöffnete, mit Steuerzeichen versehene Packungen der Vorschrift des § 16 Abs. 1 Satz 2 zuwider nachgefüllt werden.

Das Dasein der Defraudation wird in den Fällen des Abs. 2 durch die daselbst bezeichneten Tatsachen begründet. Wird festgestellt, daß eine Hinterziehung nicht verübt oder nicht beabsichtigt ist,[13, 14]) so findet nur[15]) eine Ordnungsstrafe nach § 20 statt.[16])

RV. § 17; KV. § 17; RDr. Nr. 438;
StB. S. 2968C, 3318D.

[1]) Als solche kommen materiell und prozessual die allgemeinen strafrechtlichen Normen zur Anwendung, sofern nicht das Gegenteil bestimmt ist. Solche Ausnahmen bestehen für Beihilfe und Begünstigung bei Defraudationen, die sich als Übertretungen darstellen (§ 18) für Ideal- und Realkonkurrenz zwischen Defraude und dem Vergehen aus §§ 25, 26 (§ 27), für die Verjährung (§ 30).

[2]) Jeder, nicht allein der Steuerpflichtige. Daß der Täter sich den Vorteil zuwenden will, ist nicht Tatbestandsmerkmal. Allerdings muß die Tat — wenn auch zum Vorteil eines anderen — geschehen mit dem Willen, sie als eigene zu wollen und nicht etwa bloß die Tat eines anderen zu fördern.

[3]) fast in allen deutschen Strafgesetzen wiederkehrend, bedeutet ein auf einen bestimmten Erfolg hinzielendes, überlegtes Handeln, das demnach nur vorsätzlich begangen werden kann. Auf die Motive des Schuldigen kommt nichts an. RGE. XVIII, 114. Die Herbeiführung eines rechtswidrigen Erfolges ist nicht erforderlich. Dies Delikt ist vielmehr vollendet mit dem Anfang der Ausführung derjenigen Handlung, die nach der Absicht des Täters die Hinterziehung bewirken soll, so daß Versuchs- und selbst die näheren Vorbereitungshandlungen den Deliktstatbestand verwirklichen können. Rücktritt vom Versuch gemäß § 46 StrGB. ist hiernach nicht möglich. Vgl. Stenglein, Strafr. Nebengesetze 3. Aufl. S. 1326, 1267.

[4]) Wegen des Begriffs § 2 Abs. 1.

[5]) d. h. dem Staate entziehen.

[6]) Mit Rücksicht auf die Höhe der angedrohten Strafe (§ 18) ist die Defraudation ein Vergehen im Sinne des § 1 Abs. 2 StrGB. Begünstigung (§ 257 StrGB.) und Beihilfe (§ 49 StrGB.) sind daher strafbar. Das gleiche gilt von Anstiftung (§ 48 a. a. O.), da es sich um ein vorsätzliches Vergehen handelt. Ein Versuch dagegen läßt sich wegen der weiten Ausdehnung des Deliktstatbestandes nicht denken.

[7]) In dem Erfordernis der Hinterziehungsabsicht unterscheidet sich die Defraudation von der Ordnungswidrigkeit des § 20. Idealkonkurrenz zwischen beiden ist daher nicht möglich. Ebensowenig zwischen Defraudation und Betrug, da § 17, auch wenn die Hinterziehung durch Täuschung eines Beamten bewirkt ist, die Anwendbarkeit des § 263 StrGB. im Wege der Gesetzeskonkurrenz ausschließt. Stenglein, Strafr. Nebengef. 3. Aufl. S. 1267 N. 3.

[8]) Wegen Verjährung der Defraudation vgl. § 30.

[9]) Neben der Strafe der Defraudation ist auf Grund der allgemeinen Verpflichtung aus § 2 die Steuer zu entrichten. Vgl. § 18 Abs. 1.

[10]) Abs. 2 umfaßt zu a—f die Fälle präsumtiver Defraudation — wie sie ebenfalls in den meisten Steuergesetzen begegnen —. Der Vorsatz wird beim Vorhandensein der einzeln angeführten Tatsachen als vorliegend erachtet, wie dies auch im Abs. 3 Satz 1 zum Ausdruck kommt.

[11]) nicht auch wenn die Waren von der Verkaufsstätte aus weiter veräußert werden.

[12]) Die Strafbestimmung zu d ist im Wege der ausdehnenden Interpretation dem gesetzgeberischen Gedanken nach auch auf eingeführte Erzeugnisse anzuwenden, obwohl die Worte „aus der Erzeugungsstätte" zunächst nur an Inlandsprodukte denken lassen. Ähnlich vgl. die Geltung des § 3 Abs. 4 in N. 7 zu § 3.

[13]) Der Beweis hierfür liegt nicht etwa dem Ange-

klagten ob. Es ist vielmehr — und zwar nach strafprozessuellem Grundsatz unter Würdigung des gesamten zur Kenntnis gekommenen Tatsachenmaterials — zu prüfen, ob der Angeklagte eine Defraudation verübt oder beabsichtigt hat. Nur wenn dies zu verneinen ist, tritt Ordnungsstrafe ein. Anderenfalls, also selbst beim non liquet, bei dem im Falle des Abs. 1 Freisprechung erfolgen müßte, ist im Falle des Abs. 2 wegen Defraudation zu bestrafen. Vgl. Stenglein, Strafrechtl. Nebengesetze S. 1326 N. 3.

[14]) Auch Irrtum über Steuerpflicht kann, wenngleich ein Irrtum über ein Strafgesetz, die Hinterziehungsabsicht und damit die Defraudationsstrafe ausschließen. Vgl. RGE. XI, 426; XIV, 15; XVIII, 215.

[15]) Das Wort „nur" erklärt sich aus dem Gegensatz der Ordnungsstrafe zur Defraudationsstrafe und hindert nicht daneben auf Einziehung zu erkennen. Anderer Meinung Stenglein, Strafr. Nebenges. S. 1326.

[16]) Zur Verhängung der Ordnungsstrafe aus Abs. 3 ist die Verwaltungsbehörde auch zuständig, wenn die Strafe der Defraudation etwa wegen Rückfalls über Geldstrafe und Einziehung hinausgeht (§ 2 VStrG.), weil mit der Gegenfeststellung die Zuwiderhandlung aus dem Kreise der Defraudation ausscheidet und zur Ordnungswidrigkeit wird. Vgl. Z. 4 der Ausführungsbest. z. VStrG. und Bonnenberg Verfahren in Zoll- und Steuerstraff. 2. Aufl. S. 19 N. 3.

§ 18.

Strafe der Defraudation.

Wer eine Defraudation[1]) begeht, hat eine Geldstrafe[2]) verwirkt, die dem vierfachen Betrage der vorenthaltenen Steuer gleichkommt, mindestens aber fünfzig Mark für jeden einzelnen Fall[3]) beträgt. Außerdem ist die Steuer nachzuzahlen.[4])

Kann der vorenthaltene Steuerbetrag nicht festgestellt werden, so tritt eine Geldstrafe von fünfzig Mark bis hunderttausend Mark ein.

Liegt eine Übertretung vor,[5] so sind die Beihilfe und die Begünstigung mit Geldstrafe bis zu einhundertfünfzig Mark zu bestrafen.[6])

RV. § 18; KB. § 18; StB. S. 2968 C, 3319 A.

[1]) § 17 Abs. 1 sowohl wie Abs. 2.

[2]) Wegen deren Umwandlung in Freiheitsstrafe vgl. § 21 Abs. 2 und Bonnenberg, Strafverfahren in Zoll- und Steuersachen 2. Aufl., Berlin 1899, S. 267 ff.

[3]) darunter ist nicht die einzelne Packung zu verstehen, sondern — wie schon die angedrohte Mindeststrafe erkennen läßt — die einzelne Hinterziehungshandlung. Ebenso Stenglein, Strafr. Nebengesetze 3. Aufl., S. 1327 N. 6. Für deren Begriff sind wiederum die allgemein strafrechtlichen Gesichtspunkte maßgebend. Demgemäß kommt es vor allem darauf an, ob das strafbare Unternehmen auf einen einheitlichen Willensakt sich gründet oder ob einzelne Handlungen oder Handlungskomplexe die Folge selbständiger Entschließungen sind. Im ersteren Falle ist — auch bei Handlungen von längerer Dauer — Tateinheit gegeben, im letzten Falle liegt Realkonkurrenz gemäß § 74 StrGB. vor.

[4]) Das folgt aus der allgemeinen Steuerpflicht in § 2 und gilt ebenso, wenn etwa gemäß § 17 Abs. 3 auf eine Ordnungsstrafe erkannt ist.

[5]) das ist der Fall, wenn der hinterzogene Steuerbetrag eine Strafe von nicht über 150 Mk. ergibt (§ 1 Abs. 3 StrGB.). Andernfalls liegt Vergehen vor, bei denen Beihilfe und Begünstigung ohnehin strafbar ist (§§ 49, 257 StrGB.).

[6]) die Vorschrift des Abs. 3 gilt nur für Defraudationen. Die Ordnungswidrigkeit ist immer Vergehen, § 20 N. 1.

§ 19.

Defraudation im Rückfalle.

Im Falle der Wiederholung der Defraudation [1]) nach vorausgegangener Bestrafung [2]) wird die im § 18 angedrohte Strafe verdoppelt. [3, 4])

Jeder fernere Rückfall [5]) zieht Gefängnis bis zu drei Jahren nach sich, doch kann nach richterlichem Ermessen mit Berücksichtigung aller Umstände und der vorangegangenen Fälle auf Haft oder auf Geldstrafe nicht unter dem Doppelten der für den ersten Rückfall angedrohten Strafe erkannt werden. [6])

Die Rückfallstrafe ist verwirkt, auch wenn die frühere Strafe nur teilweise verbüßt oder ganz oder teilweise erlassen ist, [7]) bleibt dagegen ausgeschlossen, wenn seit der Verbüßung oder dem Erlasse der früheren Strafe bis zur Begehung der neuen Straftat drei Jahre verflossen sind. [8])

RV. § 19; KV. § 19; StB. S. 2968 C, 3319 A.

[1]) Nur Defraudationsstrafen begründen demnach den Rückfall, und auch diese nur unter den Voraussetzungen des Abs. 3.

[2]) d. h. nicht etwa Verurteilung sondern Verbüßung der erkannten Strafe. Dieser steht nach Abs. 3 teilweise Verbüßung, Erlaß oder teilweiser Erlaß gleich. Bevor die Strafe auch nur teilweise verbüßt oder erlassen ist, kommt § 79 StrGB. zur Anwendung.

[3]) Verwarnung vor der Rückfallsstrafe bei der ersten Verurteilung ist nicht erforderlich.

[4]) die höhere Bestrafung des Rückfalls macht in jeder Untersuchungssache die Feststellung notwendig, ob der Beschuldigte schon einmal wegen Defraudation bestraft ist.

[5]) dessen Voraussetzungen sind dieselben wie die des ersten Rückfalls.

[6]) Gemäß § 66 VStrG. kann mit Rücksicht auf den Milderungsfall auch hier die Zuständigkeit der Schöffengerichte gegeben sein.

[7]) ohne Rücksicht darauf, ob der noch nicht erlassene Teil der Strafe verbüßt ist oder nicht.

[8]) Ist die erste Strafe verjährt, liegt kein Rückfall vor.

§ 20.

Ordnungsstrafen.

Zuwiderhandlungen gegen die Vorschriften dieses Gesetzes und die dazu erlassenen und öffentlich oder den Beteiligten besonders bekannt gemachten Verwaltungsbestimmungen werden, sofern nicht eine schwerere Strafe verwirkt ist,[1]) mit einer Ordnungsstrafe von einer Mark bis zu dreihundert Mark geahndet.[2])

Mit Ordnungsstrafe nach Maßgabe des Abs. 1 wird ferner belegt:

a) wer[3]) einen zur Wahrnehmung des Steuerinteresses verpflichteten Beamten oder dessen Angehörigen wegen einer auf die Erhebung oder Überwachung der Zigarettensteuer bezüglichen amtlichen Handlung oder Unterlassung einer solchen Geschenke oder andere Vorteile[4]) anbietet, verspricht oder gewährt, sofern nicht der Tatbestand des § 333 des Strafgesetzbuchs vorliegt;[5, 6])

b) wer sich Handlungen oder Unterlassungen zu Schulden kommen läßt,[7]) durch die ein solcher

Beamter an der rechtmäßigen Ausübung seines Amtes[8]) in bezug auf die Zigarettensteuer verhindert wird, sofern nicht der Tatbestand des § 113 oder des § 114 des Strafgesetzbuchs vorliegt.[9])

RV. § 20; KV. § 20; StV. S. 2968 C, 3319 A.

[1]) Nach diesem oder irgend einem Strafgesetz.

[2]) Ordnungswidrigkeiten sind demnach Vergehen, setzen aber ein Verschulden nicht voraus, wie ihre Androhung in § 17 Abs. 3 zeigt, woselbst das Vorliegen des Vorsatzes widerlegt sein muß, ohne daß ein Vorbehalt für fahrlässiges Verschulden gemacht ist. Im übrigen gelten die allgemeinen Bestimmungen (Stenglein, Strafr. Nebengesetze 3. Aufl. S. 1274 und insbes. 1328 N. 1). Abweichend ist jedoch die Verjährung geregelt § 80. Außerdem vgl. § 22. Zuständig ist das Schöffengericht (§ 27 Ziff. 2 GVG.) oder das Hauptsteueramt (§ 5 VStrG.).

[3]) Jeder, ohne Rücksicht, ob er zu der Steuerpflicht überhaupt in irgendwelcher Beziehung steht.

[4]) Nicht notwendig Vermögensvorteil. RGE. IX. 166.

[5]) Der Tatbestand des § 333 StrGB. ist gegeben, wenn der Beamte zu einer Handlung bestimmt werden soll, die objektiv eine Verletzung einer Amts- oder Dienstpflicht enthält. Ordnungsstrafe dagegen tritt ein bei objektiv erlaubten oder in das Ermessen der Beamten gestellten Handlungen oder Unterlassungen, sofern sich diese nur als amtliche darstellen.

[6]) Dadurch, daß die Bestechung sich gegen einen Angehörigen eines Beamten richtet, wird die Anwendung des § 333 StGB. nicht ausgeschlossen, wenn der Beamte davon Kenntnis hatte (RGE. XIII S. 396), was zur Begründung der Ordnungsstrafe nicht erforderlich ist.

[7]) Das setzt eine Pflicht zum Handeln voraus wie sie z. B. aus § 14 des Gesetzes folgt.

[8]) Hierbei kommt nur der h a n d e l n d e B e a m t e in Frage, nicht etwa die vorgesetzte Behörde, von der sein Auftrag ausgeht.

[9]) Der Unterschied zwischen der Ordnungswidrigkeit zu b und dem Tatbestand der §§ 113 und 114 StrGB. besteht darin, daß hier der Widerstand oder die Nötigung durch Gewalt oder Drohung mit Gewalt geschehen muß, während bei jener ein bloß p a s s i v e s V e r h a l t e n des Täters genügt.

§ 21.

Haftung für andere Personen.[1])

Hersteller und Verkäufer von der Zigarettensteuer unterliegenden Waren haften[2]) für die von ihren Verwaltern, Geschäftsführern, Gehilfen und sonstigen in ihrem Dienste oder Lohne stehenden Personen sowie von ihren Familien- oder Haushaltungsmitgliedern verwirkten Geldstrafen[3]) und Prozeßkosten und für die nachzuzahlende Steuer im Falle des Unvermögens der eigentlich Schuldigen.[4]) Wird nachgewiesen, daß die Zuwiderhandlung ohne ihr Wissen verübt ist,[5]) so haften sie nur für die Steuer. Die Haftung für Geldstrafen kann nur durch richterliches Urteil ausgesprochen werden.

Ist die Geldstrafe von dem Schuldigen nicht beizutreiben,[6]) so kann die Steuerbehörde[7]) davon absehen,[8, 9]) den für die Geldstrafe Haftenden in Anspruch zu nehmen, und die an Stelle der Geldstrafe tretende Freiheitsstrafe[10, 11]) an dem Schuldigen vollstrecken lassen.[12])

RB. § 21 und S. 18; KB. § 21;
StB. S. 2968C, 3319A.

[1]) Diese beruht auf der Vermutung vorsätzlicher oder fahrlässiger Mitschuld (RGE. XX, 332). Eine besondere Feststellung in dieser Hinsicht, etwa ein Verschulden bei der Auswahl oder Beaufsichtigung ist nicht erforderlich. Sie wird ersetzt durch das Abhängigkeits- oder Unterordnungsverhältnis, in welchem der eigentlich Schuldige zu dem Hersteller oder Verkäufer steht. Der von diesem zu zahlende Betrag ist Strafe und die Frage der Haftung ist daher im Strafverfahren zu erledigen (RGE. XVI, 109) und zwar auch wegen der Steuer (Bonnenberg, Strafverf. in Zoll- und Steuersachen 2. Aufl. Berlin 1899 S. 302 N. 3 unter Hinweis auf RGE. III, 293; XXII, 42). Über die Subsidiarhaftung ist in der Regel zusammen mit der Hauptsache zu verhandeln und zu entscheiden (RGE. XVI, 109; XXI, 332), wobei der Vertretungspflichtige hinzuzuziehen und zu hören ist (RGE. XXII, 41). Ihm stehen auch alle Rechtsmittel selbständig zu. Die Strafverfolgung aus § 21 wird dadurch nicht ausgeschlossen, daß der Vertretungspflichtige ohnehin haftet (RGE XXV, 294; XXI 331).

[2]) Die Haftung ist eine höchstpersönliche. Sie geht nicht auf die Erben über. FME. 5. 12. 1832. — III 26448. — Für rechtskräftig erkannte Strafen haftet auch der Nachlaß.

[3]) Gleichgültig ob Defraudations- oder Ordnungsstrafen.

[4]) Aus dieser Subsidiarität der Haftung des Vertretungspflichtigen ergibt sich, daß sie auch für Rückfallsstrafe in vollem Umfange besteht, daß sie mit der Strafe des eigentlich Schuldigen verjährt, daß dessen Tod vor rechtskräftiger Verurteilung die Einstellung des Verfahrens auch gegen den Vertretungspflichtigen zur Folge hat und daß eine Strafermäßigung oder Freisprechung, die der eigentlich Schuldige durch Einlegung eines Rechtsmittels erzielt, auch dem subsidiär Verhafteten zugute kommt. Der Erfolg eines Rechtsmittels, das der letztere einlegt, dagegen hat auf die Entscheidung gegen den eigentlich

Schuldigen keinen Einfluß, RGE. XII, 212. Ebensowenig unterbrechen gerichtliche Akte gegen diesen die Verjährung dem Haftpflichtigen gegenüber (RGE. VIII, 362). Vgl. hierzu auch Stenglein, Strafr. Nebengesetze 3. Aufl. S. 1253 N. 11 und 14.

⁵) Die Feststellung ist Sache der pflichtgemäßen Beweiswürdigung des Richters, ebenso wie in N. 8 zu § 17 unter Berücksichtigung aller bekannt gewordenen Tatumstände. Überzeugt er sich nicht vom Nichtwissen des Vertretungspflichtigen, so ist die Haftung auch für die Geldstrafen auszusprechen. Das hindert die Steuerbehörde aber nicht, ihren Anspruch auf die Steuer zu beschränken, wenn ihrer Ansicht nach der Haftpflichtige um die Zuwiderhandlung nicht gewußt hat.

⁶) Die Steuerbehörde kann hiernach zunächst nur den eigentlich Schuldigen in Anspruch nehmen. Erst wenn die Unbeitreibbarkeit diesem gegenüber feststeht, ist sie gemäß Abs. 3 berechtigt, gegen den Vertretungspflichtigen vorzugehen.

⁷) Nicht auch die Staatsanwaltschaft oder das Gericht.

⁸) Für die Entschließung wird neben dem Staatswohl und finanziellen Interessen des Fiskus insbesondere das Verschulden des Haftbaren und des Schuldigen gegeneinander abzuwägen sein.

⁹) Die Zuständigkeit regelt Ziff. 51 der Ausführungsvorschriften zum VStrG.

¹⁰) Infolge eventuellen Urteilsspruchs oder nachträglicher Strafumwandlung gemäß §§ 28, 29 StrGB. bis zu dem in diesem Gesetze gegebenen Strafmaximum. Sie ist ausgeschlossen bei Strafbeträgen unter 1 Mk. RGE. XVI, 159. Im übrigen vgl. N. 2 z. § 18.

¹¹) Gefängnis oder Haft, je nachdem es sich um ein Vergehen oder eine Übertretung handelt, § 28 StrGB.

¹²) Die Vollstreckung der Freiheitsstrafe kann auch nach Inanspruchnahme des Vertretungspflichtigen erfolgen, insoweit diese nicht zur Befriedigung des Fiskus geführt hat. Der Beginn der Vollstreckung der Freiheits-

strafe gegen den Schuldigen dagegen schließt den Verzicht auf die Inanspruchnahme des Haftbaren in sich. Ebenso Bonnenberg, Strafverf. in Zoll- u. Steuersachen, 2. Aufl. S. 270 N. 9.

§ 22.

Zwangsmaßregeln.

Unbeschadet der verwirkten Ordnungsstrafen[1]) kann die Steuerbehörde die Beobachtung der auf Grund dieses Gesetzes getroffenen Anordnungen durch Androhung und Einziehung von Geldstrafen[2]) bis zu fünfhundert Mark[3]) erzwingen.

RV. § 22; KB. § 22; StB. S. 2968 C, 3319 A.

[1]) Nicht auch bei Defraudationsstrafen.

[2]) und zwar bei einer Zuwiderhandlung durch Androhung mehrfacher Strafen.

[3]) im Gesamtbetrage. Ebenso Stenglein, Strafr. Nebengesetze, 3. Aufl. S. 1330 N. zu § 21 des Schaumweinsteuergesetzes.

§ 23.

Einziehung.[1])

Zigarettentabak und Zigaretten sowie Zigarettenhülsen und -blättchen, die nicht vorschriftsmäßig verpackt und bezeichnet oder deren Packungen mit den erforderlichen Steuerzeichen (§ 3) nicht versehen sind,[2]) unterliegen der Einziehung,[3]) gleichviel wem sie gehören[4]) und ob gegen eine bestimmte Person ein Strafverfahren eingeleitet wird.[5, 6])

RV. § 16; KB. § 23; RDr. Nr. 438;
StB. S. 2968 C, 3319 A.

[1]) die Einziehung ist ein Teil der Strafe und daher mit dieser auszusprechen. Zuständig ist die mit der Entscheidung in der Hauptsache befaßte Behörde,

vgl. § 2 VStrG., also, sofern nicht die Zuständigkeit des Gerichts gegeben ist, gemäß § 5 VStrG. das Hauptsteueramt oder der Provinzialsteuerdirektor.

Wegen des Verfahrens vgl. Bonnenberg, Strafverfahren in Zoll- und Steuersachen, 2. Aufl., Berlin 1899, S. 167ff., 333ff.

²) Also schon auf dem Transport von der Einziehungsstätte zum ersten Empfänger.

³) und demzufolge auch der Beschlagnahme, § 13 VStrG. und Bonnenberg, Strafverf. in Zoll- und Steuersachen, 2. Aufl., S. 74ff.

⁴) und ohne Rücksicht auf ein Verschulden des Eigentümers. Die Bestimmung, wonach es auf das Eigentum nicht ankommt, erklärt sich nicht etwa aus einer Präsumtion der Mitschuld des Eigentümers, sondern aus dem Bestreben, die Einziehung nicht erst vom Nachweis des Eigentums abhängig zu machen. Der Einziehungsbeteiligte, der gemäß § 26 VStrG. zu dem Verfahren hinzuzuziehen ist, ist daher nicht Beschuldigter, FME. 8. März 1879 — III, 2841 — und als solcher auch nicht zu bezeichnen, FME. 30. April 1879 — III, 3664 — (ZBl. S. 147). Die für ihn aus der Einziehung resultierende Härte wird dadurch in etwa ausgeglichen, daß dem nichtschuldigen Eigentümer gegen den Schuldigen ein Schadensersatzanspruch zusteht; Stenglein, Strafr. Nebengesetze, 3. Aufl., S. 1325.

⁵) sog. objektives Verfahren im Sinne des § 42 StGB. und der §§ 477ff. StPO.

⁶) Wenn gegen eine bestimmte Person ein Urteil ergeht, ohne daß die Einziehung ausgesprochen wird, so kann diese nicht nachgeholt werden, § 53 VStrG. u. RGE. V, 101; VIII, 349.

§ 24.

Verschärfung der Aufsichtsmaßnahmen.

Hersteller und Verkäufer von der Zigarettensteuer unterliegenden Waren, die selbst oder deren Betriebsleiter wegen Hinterziehung der Steuer bestraft sind, können auf ihre Kosten besonderen Aufsichtsmaßnahmen unterworfen werden.[1])

RV. § 15; KV. § 24; StV. S. 2968 D, 3319 A.

[1]) Die Maßnahmen aus § 24 erklären sich aus dem durch die Bestrafung gerechtfertigten Mißtrauen für das fernere Verhalten des Vorbestraften. Tritt an dessen Stelle ein Nachfolger, der noch nicht bestraft ist, so fallen die Aufsichtsmaßregeln von selbst weg.

§ 25.

Fälschung von Steuerzeichen.[1])

Mit Gefängnis nicht unter drei Monaten wird bestraft,[2]) wer unechte Steuerzeichen (§ 3) in der Absicht anfertigt, sie als echt zu verwenden, oder echte Steuerzeichen in der Absicht verfälscht, sie zu einem höheren Werte zu verwenden, oder wissentlich von falschen oder verfälschten Steuerzeichen Gebrauch[3]) macht.[4]) Neben der Strafe kann auf Verlust der bürgerlichen Ehrenrechte erkannt werden.

KV. § 25; RDr. Nr. 438; StV. S. 2968D, 3319A.

[1]) Die Bestimmung des § 25 bildet eine Ergänzung zu § 275 StrGB., dem sie hinsichtlich der einzelnen Tatbestandsmerkmale und des Strafmaßes entspricht. Das Delikt ist ein Vergehen und läßt neben Anstiftung und Mittäterschaft auch Beihilfe und Begünstigung zu. Verjährung tritt gemäß § 67 Abs. 2 StrGB nach 5 Jahren ein. Vgl. hierzu § 30 N. 7.

[2]) Neben der etwa verwirkten Strafe wegen Defraudation § 27.

[3]) Hierzu gehört auch das Veräußern, RGE. XXIV, S. 111.

[4]) Strafbar ist demnach:

a) Die fälschliche Anfertigung von Steuerzeichen, in der Absicht, sie als echt zu verwenden;
b) die Verfälschung echter Steuerzeichen in der Absicht, sie zu einem höheren Betrag zu verwenden;
c) der wissentliche Gebrauch falscher oder verfälschter Steuerzeichen.

§ 26.[1])

Wer wissentlich schon einmal verwendete Steuerzeichen verwendet,[2, 3]) wird mit Geldstrafe bis zu sechshundert Mark bestraft.[4])

KV. § 26; RDr. Nr. 438; StB. S. 2968D, 3319A.

[1]) Tatbestandsmerkmale und Strafandrohung ensprechen dem § 276 StrGB. Die Straftat ist Vergehen und verjährt nach § 67 Abs. 2 StrGB. in 3 Jahren. Vgl. § 30 N. 7.

[2]) d. h. als Steuerzeichen verwertet. Der Begriff ist enger als der des Gebrauchmachens im § 25 und umfaßt insbesondere das Veräußern nicht.

[3]) Daß die Verpflichtung zur Verwendung des Steuerzeichens nicht bestanden hatte oder weggefallen war, schließt die Strafbarkeit nochmaliger Verwendung nicht aus. RGE. XXX, 384. Für solche Fälle ist der Weg des Umtausches aus § 3 Abs. 4 gegeben.

[4]) eventuell neben der Strafe wegen Defraudation § 27.

§ 27.

Neben der in den §§ 25, 26 angedrohten Strafe kommt die durch die Hinterziehung der Steuer begründete Strafe zur Anwendung.[1])

KV. § 27; StB. S. 2968D, 3319A.

[1]) bei Ideal- wie bei Realkonkurrenz. Ebenso Stenglein, Strafr. Nebengesetze. 3. Aufl. S. 1330.

§ 28.

Mit Geldstrafe bis zu einhundertfünfzig Mark oder mit Haft wird bestraft,[1]) wer ohne schriftlichen Auftrag einer Behörde

1. Stempel, Siegel, Stiche, Platten oder andere Formen, die zur Anfertigung von Steuerzeichen dienen können,[2]) anfertigt oder an einen Anderen als die Behörde verabfolgt;
2. den Abdruck der in Nr. 1 bezeichneten Stempel, Stiche, Platten oder Formen unternimmt[3]) oder Abdrucke an einen Anderen als die Behörde verabfolgt.

Neben der Strafe kann auf Einziehung der Stempel, Siegel, Stiche, Platten oder anderen Formen sowie der Abdrucke erkannt werden, ohne Unterschied, ob sie dem Verurteilten gehören oder nicht.[4])

KB. § 28: RDr. Nr. 438; StB. S. 2968D, 3319A.

[1]) Vgl. hierzu § 360 Ziff. 4, 5 u. Abs. 2 StrGB., der durch § 28 lediglich ergänzt wird. Die Tat ist Übertretung. Verjährung tritt nach 3 Monaten ein. Vgl. § 30 A. 7.

[2]) auch wenn der Hersteller eine solche Verwendung weder beabsichtigt hatte noch auch deren Möglichkeit kannte. Anderenfalls liegt Idealkonkurrenz mit Vergehen aus § 25 vor.

[3]) Vgl. hierzu A. 3 zu § 17.

[4]) Vgl. § 23 und insbesondere A. 4. Ein objektives Verfahren ist nicht zugelassen.

§ 29.

Mit Geldstrafe bis zu einhundertfünfzig Mark wird bestraft, wer wissentlich schon einmal verwendete Steuerzeichen veräußert oder feilhält.[1])

KB. § 29; RDr. Nr. 438; StB. S. 2968D, 3319B.

[1]) § 29 bildet die Ergänzung zu § 26. Die Tat ist Übertretung und verjährt in 3 Monaten (§ 67 Abs. 3 StrGB.). Vgl. § 30 N. 7.

[2]) darunter ist nicht nur der gewerbsmäßige Verkauf zu verstehen, sondern jede Übertragung zu dauerndem Besitz gleichviel unter welchem Rechtstitel und ob entgeltlich oder unentgeltlich. Stenglein, Strafr. Nebengesetze 3. Aufl. S. 1331.

[3]) auch wenn das Zeichen ausdrücklich als schon einmal verwendet veräußert oder feilgeboten wurde.

[4]) d. h. dem Publikum zum Kauf anbieten; z. B. durch Auslegen im Schaufenster, mündlich durch öffentliche Ankündigung usw.

§ 30.

Strafverfahren und Verjährung der Strafverfolgung.

In den Fällen der §§ 17 bis 23 kommen hinsichtlich des Strafverfahrens[1]) sowie in betreff der Strafmilderung und des Erlasses der Strafe[2]) im Gnadenwege die Vorschriften zur Anwendung, nach denen sich das Verfahren wegen Zuwiderhandlungen gegen die Zollgesetze bestimmt. Der Erlös aus eingezogenen Zigarettentabaken und Zigaretten, Zigarettenhülsen und -blättchen sowie Geldstrafen fallen dem Staate zu, von dessen Behörden die Strafentscheidung erlassen ist.

Die Strafverfolgung[3·4]) von Defraudationen[5])

verjährt in drei Jahren,[6]) von anderen Zuwiderhandlungen[7]) in einem Jahre.[8])

KB. § 30; StB. S. 2968D, 3319B.

[1]) für Preußen: Verwaltungsstrafgesetz vom 26. Juli 1897 (GS. S. 237) nebst den dazu erlassenen Ausführungsvorschriften vom 15. Sept. 1897 (ZBl. S. 334), Gesetz über den Beistand bei Einziehung von Abgaben und Vollstreckung von Vermögensstrafen vom 9. Juni 1895 (RGBl. S. 256).

[2]) Allerhöchster Erlaß vom 26. Sept. 1897 betreffend die Übertragung von Strafniederschlagungs- und Strafmilderungs-Befugnissen in Zoll- und Steuersachen (GS. S. 402) sowie Allgemeine Verfügung des Finanzministers betreffend Weiterübertragung dieser Befugnisse vom 6. Okt. 1897 — III 12757 — (ZBl. S. 408).

[3]) für die Verjährung der Strafvollstreckung gelten die Bestimmungen des § 70 StrGB.

[4]) Wegen der zivilrechtlichen Verjährung des Anspruchs auf Zahlung und Erstattung, vgl. § 4.

[5]) d. h. der Straftaten aus §§ 17—19.

[6]) beginnend mit dem Augenblick der Vollendung der Tat.

[7]) Darunter sind die Ordnungswidrigkeiten zu verstehen. Für die Delikte aus §§ 25, 26, 28, 29 ist die ordentliche Verjährungszeit des StrGB. maßgebend. Das ergibt sich aus der Erwägung, daß § 30 Abs. 2 wie der Abs. 1 nur für die neuartigen, erst durch das Gesetz geschaffenen Deliktsbegriffe besondere Bestimmungen geben will. Zu diesem aber gehören außer der Defraudation nur die Straftaten aus § 20, während die Tatbestände der obigen Paragraphen fast wortgetreu den Bestimmungen des StrGB. nachgebildet und demnach in allen Punkten dessen Normen zu unterstellen sind (vgl. das durch FME. vom 24. 4. 05, III 4563 mitgeteilte Urteil eines Oberlandesgerichts).

[8]) Abgesehen von der Dauer der Verjährung, also insbesondere für die Unterbrechung usw., gelten die allgemein strafrechtlichen Vorschriften.

§ 31.

Verwaltung der Zigarettensteuer und Ausgleichungsbeträge.

Die Erhebung und Verwaltung der Zigarettensteuer erfolgt durch die Landesbehörden. Für die erwachsenden Kosten wird den Bundesstaaten nach Maßgabe der vom Bundesrate zu erlassenden Bestimmungen Vergütung gewährt.[1,2]

Die Reichsbevollbemächtigten für Zölle und Steuern und die Stationskontrolleure haben in bezug auf die Ausführung des Gesetzes dieselben Rechte und Pflichten wie bezüglich der Erhebung und Verwaltung der Zölle.

Die außerhalb der gemeinschaftlichen Zollgrenze liegenden Teile des Reichsgebiets zahlen an Stelle der Zigarettensteuer einen entsprechenden Ausgleichungsbetrag an die Reichskasse.

RV. § 24; KV. § 31; StB. S. 2968D 3319B;
AB. §§ 45,46; Allg. Verf. 18/6. 06 dazu.

[1]) Diese ist auf 4% der in seinem Gebiet zur Verrechnung gekommenen Roh-Solleinnahme festgesetzt. § 45 AB.

[2]) Der in die Reichskasse fließende Betrag besteht aus der gesamten aufgekommenen Einnahme nach Abzug der Kosten zu N. 1 und der auf dem Gesetz oder auf allgemeinen Verwaltungsbestimmungen beruhenden Steuererstattungen. § 46 AB.

§ 32.

Der Zigarettensteuer unterliegende Waren aus Zollanschlüssen.

Zigarettentabak und Zigaretten, die aus den dem Zollgebiet angeschlossenen Staaten und Gebietsteilen zum Verbrauch eingehen sowie aus den genannten Gebieten eingehende Zigarettenhülsen und -blättchen sind spätestens beim Eintritt in das Inland mit den nach § 3 anzubringenden Steuerzeichen zu versehen.

Der Reichskanzler kann unter Zustimmung des Bundesrats mit den fremden Regierungen wegen Herbeiführung einer den Vorschriften dieses Gesetzes entsprechenden Zigarettensteuer in den dem Zollgebiet angeschlossenen Staaten und Gebietsteilen, wegen Überweisung der Steuer für die im gegenseitigen Verkehr übergehenden, der Zigarettensteuer unterliegenden Waren oder wegen Begründung einer Steuergemeinschaft Vereinbarungen treffen.

RV. § 25 und S. 18, 10; KB. § 32. RDr. Nr. 438; StB. 2968 D, 3319 B.

§ 33.

Vergütung der auf Grund des Tabaksteuergesetzes vom 16. Juli 1879 gezahlten Abgaben.

1. Im Abs. 1 des § 31 des Tabaksteuergesetzes vom 16. Juli 1879 [1]) sind zu streichen:

unter I: d) für Zigaretten . . . . 66 Mark,
„ II: d) „ „ . . . . 35 „ .

2. Die Festsetzung der Vergütung der auf Grund des Tabaksteuergesetzes vom 16. Juli 1879 gezahlten Abgaben, welche bei der Ausfuhr von Zigarettentabak und Zigaretten oder bei ihrer Niederlegung in einer öffentlichen Niederlage oder in einem unter

amtlichem Mitverschlusse stehenden Privatlager zu gewähren ist, erfolgt durch den Bundesrat.[2])

RDr. Nr. 390; § 32a der Beschlüsse des Reichstages in zweiter Beratung; StB. S. 2078D, 3319B; AB. § 47 und Anlage A.

[1]) In dem die zu Ziff. 2 genannte Vergütung unter I für Tabak aus ausländischen Blättern, unter II für solche aus inländischen Blättern bestimmt ist.

[2]) Dies ist geschehen in der Anlage A zu § 47 AB. in Verbindung mit dem Regulativ betreffend die Ausfuhrvergütung für Tabak (ZBl. f. d. D. R. 1888 S. 834).

§ 34.

Übergangsvorschriften.

Hersteller, Verkäufer und Händler[1]) haben die am Tage des Inkrafttretens des Gesetzes in ihrem Besitze befindlichen Vorräte an Zigarettentabak und Zigaretten, Zigarettenhülsen und -blättchen unter Angabe des Kleinverkaufspreises des Zigarettentabaks und der Zigaretten sowie der Stückzahl der Hülsen und Blättchen innerhalb einer Woche dem zuständigen Steueramt anzumelden.[2]) Die angemeldeten Vorräte dürfen vom Hersteller einen Monat, vom Verkäufer und Händler zwei Monate ohne Entrichtung der Zigarettensteuer verkauft werden; nach Ablauf dieser Fristen ist der noch vorhandene Teil dieser Vorräte nach den Sätzen des § 2 zu versteuern.[3])

Der Bundesrat ist ermächtigt, die Frist von zwei Monaten für Zigarettenblättchen bei Kleinhändlern im Bedarfsfall entsprechend zu verlängern.[4])

Die erfolgte Versteuerung wird durch Anbringung von Steuerzeichen an den Packungen kenntlich gemacht.

Gegen Sicherheitsbestellung ist die Steuer für eine Frist von drei Monaten zu stunden.

KB. § 33 und S. 31; RDr. 390, 391, 438, 458, 459, 469. StB. 2978 D—2981 D, 3319 B—3320 A.; AB. §§ 48, 49.

[1]) Als solche sind auch die Leiter der einer Zigarettenherstellungsfirma gehörigen Kleinverkaufsgeschäfte zu behandeln und zwar auch hinsichtlich der von der Herstellungsfirma innerhalb der für diese geltenden einmonatigen Frist gelieferten Vorräte. FME. 7. 8. 06 III 12772.

[2]) Hierüber bestimmt § 48 AB. das Nähere.

[3]) Dann greift die regelmäßige Versteuerung gemäß § 3 Platz. FME. vom 22. August 1906 — III 13706. —

[4]) Anträge auf Verlängerung der Frist bis zum 1. 12. 06 sind von den Direktivbehörden zu erledigen. FME. vom 16. 8. 06 — III 13343. —

§ 35.

Schlußvorschrift.

Von den bestehenden Fabriken und Betrieben sind die nach diesem Gesetz erforderlichen Anzeigen bei Vermeidung der im § 20 angedrohten Ordnungsstrafen spätestens zwei Wochen vor dem Inkrafttreten des Gesetzes zu erstatten.

KB. § 34. StB. S. 2981, 3320 B.

Abschnitt II.

Zigarettensteuer-Ausführungsbestimmungen.

Vom 16. Juni 1906 (ZBl. f. d. D. R. S. 601 ff., ZBl. S. 803 ff.)

Der Bundesrat hat in seiner heutigen Sitzung beschlossen, den nachstehend abgedruckten Ausführungsbestimmungen zum Zigarettensteuer-Gesetze vom 3. Juni d. J. die Zustimmung zu erteilen.

Berlin, den 16. Juni 1906.

Der Reichskanzler.
J. V.: v. Stengel.

Zu den §§ 1 und 2 des Gesetzes.

§ 1.

1. Eingangsabgabe und Zollbehandlung der Umschließungen.

(1) Die Zollfreiheit auf Grund der §§ 5 und 6 Ziffer 7 des Zolltarifgesetzes wird für feingeschnittenen Tabak auf Mengen unter 50 g und für Zigaretten auf Mengen von 30 g und weniger, wenn sie verpackt eingebracht werden, oder 25 Stück

und weniger, wenn sie unverpackt eingebracht werden, beschränkt.

(2) Die Zollbehandlung von Umschließungen, in denen Zigarettentabak und Zigaretten eingehen, regelt sich nach der Taraordnung und dem Taratarife mit der Änderung, daß außer den im § 4 Abs. 3 der Taraordnung aufgeführten kleinen Kisten, Körbchen und Pappkasten auch Umschließungen aus Metall nicht zum Reingewichte gerechnet werden, auch wenn sie zur dauernden Aufbewahrung der Ware bestimmt sind und beim Klein- oder Einzelverkauf in der Regel in die Hand des Käufers übergehen. Für solche Umschließungen kann, falls nicht die Ermittelung des Reingewichts durch Verwiegung beantragt wird, eine Zusatztara von 20 v. H. gewährt werden.

§ 2.

2. Steuer.

(1) Die Steuer wird für jede einzelne Packung der der Zigarettensteuer unterliegenden Waren nach ihrem Inhalte berechnet.

(2) Die Kleinverkaufspreise berechnen sich einschließlich des Preises der in die Hand des Käufers übergehenden Umhüllungen der Waren.

(3) Zigarettentabake und Zigaretten, die aus dem Ausland eingebracht werden, unterliegen der Zigarettensteuer neben dem nach § 1 des Gesetzes zu entrichtenden Eingangszolle. In den Fällen, in denen

ein Eingangszoll gemäß § 1 nicht zu entrichten ist, ist für jede beim Eingange noch vollständige Packung die Steuer zu zahlen.

(4) Bei aus dem Ausland eingeführten Zigarettenhüllen ist die Steuer für jede beim Eingange noch vollständige Packung (§ 25 Ziffer 3) neben dem etwa zur Erhebung gelangenden Zolle zu entrichten.

§ 3.

3. Abgrenzung der Besteuerung.

a) Schnittgrenze für feingeschnittenen Tabak.

(1) Als feingeschnitten im Sinne des Gesetzes gilt aller Tabak, der eine Schnittbreite von 2 mm oder weniger hat.

(2) Ferner ist als feingeschnitten mit Ausnahme des Schnupftabaks aller Tabak zu behandeln, der diese Zerkleinerung nicht durch Schneiden, sondern durch Zerreiben oder auf sonstige Weise erfahren hat.

§ 4.

b) Ausnahmen bezüglich der Preisgrenze für Zigarettentabak.

(1) Auf Grund der Ausnahmevorschrift im § 2 Abs. 3 des Gesetzes ist von der Zigarettensteuer befreit der unter dem Namen „schwarzer Krause" zum Verkaufe gelangende feingeschnittene, in der Regel gesoßte Kautabak, der in Steingefäßen aufbewahrt zu werden pflegt und in feuchtem Zustand unverpackt im kleinen abgegeben wird.

(2) Welche anderen Tabaksorten von der Zigarettensteuer befreit bleiben sollen, bestimmt auf Antrag der Bundesrat.

§ 5.

c) Tabakerzeugnisse von der Art und Form der Zigarette.

Der Zigarettensteuer unterliegen außer den Zigaretten mit Papierdeckblatt alle aus feingeschnittenem Tabake hergestellten Erzeugnisse von der Form der Zigarette, bei denen das Papierdeckblatt durch Pressung entbehrlich gemacht (Preßzigaretten) oder durch eine andere Decke, die auch aus reinem Tabak oder einem Tabakerzeugnisse bestehen kann, ersetzt ist. Sogenannte Zigarillos, die als Einlage nicht feingeschnittenen, sondern ungeschnittenen oder grobgeschnittenen Tabak enthalten, und die sowohl mit Tabakumblatt als auch mit Tabakdeckblatt versehen sind, fallen nicht unter die Zigarettensteuer. Desgleichen sind von der Zigarettensteuer befreit die lediglich zu Heilzwecken dienenden zigarettenförmigen Erzeugnisse, die keinen Tabak enthalten (Asthmazigaretten usw.).

§ 6.

d) Steuerbefreiung für Reisemuster.

Reisemuster, deren Verwendung zum Rauchgenusse durch besondere Vorkehrungen unmöglich gemacht ist (z. B. aufgeklebte Schaumuster), sind von der Zigarettensteuer befreit.

Zu § 8 des Gesetzes.

§ 7.

1. Steuerzeichen.

a) Beschaffenheit.

(1) Als Steuerzeichen dienen in folgenden Farben bedruckte Papierstreifen:

1. für Zigaretten und Zigarettentabak

mattgrün	für	die	Steuerklassen	1a	und	2a,
mattblau	„	„	„	1b	„	2b,
mattrot	„	„	„	1c	„	2c,
grau	„	„	„	1d	„	2d,
braun	„	„	„	1e	„	2e,
violett	„	„	„	1f;		

2. für Zigarettenhüllen orange.

(2) Die Streifen werden aus mit natürlichem Wasserzeichen (Vierpaßmuster) versehenem weißem Papier hergestellt und sind durch Linien in 5 Felder geteilt. Von den drei Mittelfeldern enthält das erste die Angabe des Inhalts der Packung nach Menge oder Gewicht (z. B. 10 Stück, 50 g) und außerdem bei Zigaretten und Zigarettentabak die Angabe der Steuerklasse (z. B. Steuerklasse 1A), das zweite Feld trägt den Reichsadler und die Bezeichnung des versteuerten Gegenstandes (Zigaretten, Zigarettentabak, Zigarettenhüllen), das dritte Feld ist zur Eintragung des Entwertungsvermerks bestimmt (§ 11).

(3) Die beiden Endfelder der Steuerzeichen sind an den Außenseiten offen und mit einer aus Adler und Krone bestehenden leichten Zeichnung gefüllt. Die

Steuerzeichen für Zigaretten und Zigarettentabak sind ohne Gummiaufstrich und ohne Durchlochung, die für Zigarettenhüllen mit Gummiaufstrich und Durchlochung hergestellt.

(4) Die Breite der bedruckten Fläche der Steuerzeichen beträgt:

1. für Zigaretten 14 mm,
2. für Zigarettentabak 20 mm,
3. für Zigarettenhüllen 10 mm;

ihre Länge beträgt:[1])

1. für Zigarettenpackungen bis zu 50 Stück ausschließlich 19,5 cm,
2. für Zigarettenpackungen von 50 Stück und mehr 27,5 cm,
3. für Zigarettentabak in Packungen bis zu 100 g ausschließlich 27,5 cm,
4. für Zigarettentabak in Packungen von 100 g und mehr 42,5 cm,
5. für Zigarettenhüllen 10 cm.

[1]) Zentralblatt für das Deutsche Reich. Nr. 44. Freitag, den 13. 7. 06.

Auf Grund der mir im § 53 der Ausführungsbestimmungen zum Zigarettensteuergesetze vom 3. Juni d. J. erteilten Ermächtigung habe ich auf Antrag des Verbandes deutscher Zigarettenfabriken in Dresden veranlaßt, daß künftig sämtliche Steuerzeichen für Zigarettenpackungen in einer Länge von 27,5 cm hergestellt werden.

Berlin, den 6. Juli 1903.

Der Reichskanzler.

Im Auftrage: gez. Kühn.

§ 8.

b) Wertbeträge der Steuerzeichen.

(1) Die Steuerzeichen werden in folgenden Wertbeträgen hergestellt:

1. für Zigaretten der Steuerklasse
   a) zu $^3/_4$, $1^1/_5$, $1^1/_2$, $2^1/_4$, 3, $3^3/_4$, $7^1/_2$, 15, 75 und 150 Pf.,
   b) zu 1, $1^1/_4$, $2^1/_2$, 5, $6^1/_4$, $12^1/_2$, 25 und 125 Pf.,
   c) zu $1^1/_{20}$, $1^3/_4$, $3^1/_2$, 7, $8^3/_4$, $17^1/_2$, 35 und 175 Pf.,
   d) zu $2^1/_2$, 5, 10, $12^1/_2$, 25, 50 und 250 Pf.,
   e) zu $3^1/_2$, 7, 14, $17^1/_2$, 35 und 70 Pf.,
   f) zu 5, 10, 20, 25, 50 und 100 Pf.;
2. für Zigarettentabak der Steuerklasse
   a) zu $1^3/_5$, 2, 4, 6, 8, 10, 16, 20 und 40 Pf.,
   b) zu $3^1/_5$, 4, 8, 12, 16, 20, 32, 40 und 80 Pf.,
   c) zu 6, $7^1/_2$, 15, $22^1/_2$, 30, $37^1/_2$, 60, 75 und 150 Pf.,
   d) zu $9^3/_5$, 12, 24, 36, 48, 60, 96, 120 und 240 Pf.,
   e) zu 14, $17^1/_2$, 35, $52^1/_2$, 70, $87^1/_2$, 140, 175 und 350 Pf.;
3. für Zigarettenhüllen
   zu 10, 12, 20 und 40 Pf.

(2) Nach diesen Wertbeträgen ist der Inhalt der Packungen zu bemessen (siehe § 25). Bleibt der Inhalt einer Packung zwischen zwei Wertbeträgen, so ist für die Packung das Steuerzeichen des höheren Wertbetrags zu verwenden.

§ 9.

c) Herstellung.

(1) Die Steuerzeichen werden von der Reichsdruckerei in Bogen zu je 20 Stück mit 2 bis 4 mm Zwischenraum hergestellt. In der oberen rechten Ecke jedes Bogens ist die Zahl der Steuerzeichen, ihr Einzelwert und der Gesamtwert des Bogens aufgedruckt. Zur Erleichterung des gleichmäßigen Durchschneidens der Bogen ist auf jedem Bogen oben und unten ein Nadelpunkt angebracht.

(2) In der Reichsdruckerei werden je 100 Bogen = 2000 Steuerzeichen in Taschen verpackt. Es werden nur volle Taschen abgegeben. Beim Öffnen der Taschen sind die darauf angegebenen Vorschriften genau zu beachten.

(3) Die Steuerzeichen sind durch die Landesregierungen gegen Erstattung der Herstellungskosten zu beziehen. Die Preise werden vom Reichsschatzamte festgestellt.

(4) Die Reichsdruckerei verabfolgt Steuerzeichen nur denjenigen Amtsstellen, die ihr von den Regierungen als zum unmittelbaren Bezuge berechtigt bezeichnet sind.

(5) Hat eine Steuerstelle für die von der Reichsdruckerei bezogenen Steuerzeichen keine Verwendung mehr, so können diese, sofern sie unbeschädigt und nicht bei anderen Amtsstellen des betreffenden Bundesstaats verwendbar sind, der Reichsdruckerei

zurückgegeben werden. Für die zurückgegebenen Zeichen sind Herstellungskosten nicht zu berechnen.

Allg. Verf. des FM. v. 18. 6. 06 zu § 9.

§ 10.

d) Vertrieb und Buchführung.

(1) Der Vertrieb der Steuerzeichen erfolgt durch die von den obersten Landesfinanzbehörden hierfür bestimmten Steuerstellen. Bei jeder Entnahme von Steuerzeichen ist der Vertriebsstelle eine von dem Besteller unterzeichnete Aufstellung der gewünschten Zeichen nach Zahl, Art und Wert (Bestellzettel) Muster 1. unter Benutzung des vorgeschriebenen Vordrucks vorzulegen. Die Vertriebsstelle verabfolgt die in der Aufstellung angegebenen Zeichen gegen Erlegung oder Stundung des Steuerbetrags.

(2) Die Steuerzeichen werden an Fabrikanten und Händler nur in ganzen Bogen abgegeben.[1]) Bei der Abgabe einzelner Steuerzeichen an andere Personen sind die Beträge auf ganze Pfennige nach oben abzurunden.

(3) Über die Einnahme und Ausgabe an Steuerzeichen ist bei der Betriebsstelle ein Steuerzeichenbuch zu führen, dessen Einrichtung von der obersten Landesfinanzbehörde bestimmt wird. Das Buch ist am Schlusse des Rechnungsjahrs abzuschließen und verbleibt bei der Vertriebsstelle.

Allg. Verf. des FM. v. 18. 6. 06 zu § 10.

[1]) Ausnahmen können zugunsten kleiner Händler, wie Friseure, Kolonialwarenhändler, Gastwirte bei der erst-

maligen Versteuerung der Vorräte zugelassen werden. FME. vom 16. 8. 06. — III. 13343. —

§ 11.

e) Entwertung.

Die Steuerzeichen sind vor ihrer Anbringung dadurch zu entwerten, daß Firma und Sitz des Herstellers der steuerpflichtigen Erzeugnisse oder (bei eingeführten Erzeugnissen) des Beziehers handschriftlich mit Tinte oder durch Stempelung oder Druck mit licht- und wasserbeständiger Farbe auf dem dafür vorgesehenen Felde des Steuerzeichens (§ 7) vermerkt wird. An Stelle dieses Entwertungsvermerks kann einzelnen Firmen auf Antrag die Verwendung eines besonderen, beim Steueramt anzumeldenden Entwertungszeichens gestattet werden.[1]) Die Steuerbehörde kann verlangen, daß dieses Zeichen von Zeit zu Zeit gewechselt wird. Nachträgliche Änderungen dürfen an dem Entwertungsvermerke nicht vorgenommen. werden.

[1]) Vgl. hierzu § 3 N. 11.

§ 12.

f) Anbringung.

(1) Die Steuerzeichen sind um die Packungen der Zigaretten, des Zigarettentabaks und der Zigarettenhüllen in der Weise zu legen, daß der Inhalt der Packungen ohne Zerreißen der Steuerzeichen nicht entnommen werden kann. Sie sind an den Packungen sorgfältig und mit gutem Klebestoffe

derart zu befestigen, daß ihre Loslösung ohne Zerstörung nicht möglich ist. Die drei Mittelfelder müssen in vollem Umfang auf der Packung sichtbar sein, die beiden Endfelder können nach Bedarf übereinandergeklebt, verkürzt oder abgeschnitten werden.

(2) Besteht die Packung der Zigaretten aus zwei Umschließungen und zwar aus einer vollständig geschlossenen Umschließung von Pappe, die in eine Dose aus Blech und dergleichen gelegt ist, so kann das Steuerzeichen an der inneren Pappumschließung angebracht werden, sofern die äußere Umschließung zur Prüfung der richtigen Versteuerung jederzeit ohne weiteres geöffnet werden kann.

(3) Sind sogenannte Luxuspackungen (feine Metall- oder Pappkasten u. a.) mit einer Papierhülle umgeben, so kann das Steuerzeichen um die Papierhülle gelegt werden, sofern auf diese Weise eine sichere Verschließung der Packung möglich ist.

§ 13.

2. Erhöhung der Kleinverkaufspreise.

(1) Will ein Verkäufer von Zigaretten und Zigarettentabak den Kleinverkaufspreis, der auf den mit entsprechenden Steuerzeichen versehenen Packungen angegeben ist, erhöhen, so kann dies geschehen, wenn mindestens der Unterschied zwischen dem Wertbetrage des verwendeten Steuerzeichens und dem Steuerbetrage, der dem erhöhten Kleinverkaufspreis ent-

spricht, durch nachträgliche Anbringung eines weiteren Steuerzeichens (Zuschlag-Steuerzeichen) auf der Packung entrichtet wird. So kann z. B. bei Zigaretten der Steuerklassen 1a und 1b eine Erhöhung des Kleinverkaufspreises um den Betrag von 1 Pf. für das Stück und der Steuerklasse 1c um den Betrag von 1 1/2 Pf. für das Stück stattfinden, wenn zu dem bereits verwendeten Steuerzeichen auf der Packung noch ein weiteres der Klasse 1a angebracht wird. Bei Zigaretten der Steuerklasse 1d ist eine Erhöhung des Kleinverkaufspreises bis zu dem Betrage von 2 Pf. für das Stück gestattet, wenn außer dem Steuerzeichen der Klasse 1d noch ein solches der Klasse 1b verwendet wird; bei Zigaretten der Klassen 1b und 1c kann der Kleinverkaufspreis verdoppelt werden, wenn den angebrachten Steuerzeichen noch je ein weiteres von gleichem Werte beigefügt wird. Bei Zigaretten der Klassen 1d und 1e kann der Kleinverkaufspreis beliebig erhöht werden, wenn außer dem Steuerzeichen der Klasse 1d noch ein solches von gleichem Werte und außer dem Steuerzeichen der Klasse 1e noch ein solches der Klasse 1c verwendet wird.

(2) Die Zuschlag-Steuerzeichen werden von den Vertriebsstellen mit dem Stempelaufdruck „Zuschlag" versehen; außerdem hat der Verkäufer in ihrem Entwertungsvermerke den erhöhten Kleinverkaufspreis in deutlicher Schrift oder mittels Stempel einzutragen.

§ 14.

3. Erleichterung in der Steuerentrichtung für sog. Arbeiterzigaretten.

(1) Für Zigaretten, die von den Herstellern in der üblichen Weise ihren Arbeitern außer dem Lohne gewährt werden, kann die vorherige Verwendung von Steuerzeichen unterbleiben, wenn der Hersteller sich verpflichtet, in bestimmten Zeiträumen die an die Arbeiter abgegebenen Mengen von Zigaretten unter Angabe der Zahl der in Betracht kommenden Arbeiter der Hebestelle anzumelden und dafür die Steuer nach dem Satze der Steuerklasse 1a zu entrichten. Die Hebestelle hat auf der Anmeldung den entsprechenden Betrag von Steuerzeichen der Klasse 1a zu entwerten.

(2) Das Nähere bestimmen die Direktivbehörden.[1])

[1]) Für Berlin und die Provinz Brandenburg kann nach einer Verfügung des Provinzialsteuerdirektors in Berlin vom 5. 9. 06 — Nr. 16408 — den Inhabern größerer Betriebe auf Antrag die in § 14 der AB. vorgesehene Erleichterung in der Steuerentrichtung für sogenannte Arbeiterzigaretten unter der Bedingung widerruflich gestattet werden, daß sie sich verhandlungsmäßig verpflichten, den Arbeitern Zigaretten, welche ihnen in üblicher Weise außer dem Lohne gegeben werden, nur aus den zur Steuerklasse 1a gehörigen Sorten und nur an den wöchentlichen, bestimmt anzugebenden Lohntagen zu gewähren, die Abgabe für jeden Lohntag summarisch mittels besonderer Eintragung im Betriebsbuch A Abteilung 2 unter der Bezeichnung „Arbeiterzigaretten" in Spalte 4 abzuschreiben und die im Laufe eines Monats verabfolgten Zigaretten der Hebestelle bis spätestens zum 3. Tage des folgenden Monats mittels einer Anmeldung

nach bestimmtem Muster zur Versteuerung nach dem Satze der Steuerklasse 1a anzumelden. Auch haben sie sich den erforderlichen Kontrollen zu unterwerfen, die den Oberbeamten obliegen und hauptsächlich in der gelegentlichen Ermittlung der Arbeiterzahl auf Grund der vorzulegenden Lohnbücher und in der zeitweisen Überwachung der Abgabe der Arbeiterzigaretten zu bestehen haben.

§ 15.

4. Zigarettensteuer-Einnahmebuch.

Die Hebestelle hat über die Einnahme aus dem Verkaufe von Steuerzeichen ein Einnahmebuch in Vierteljahrsabschnitten zu führen, für welches das Muster 2 als Vorbild dient. Muster 2

§ 16.

5. Stundung der Zigarettensteuer.

a) Allgemeine Vorschrift.

(1) Die Zigarettensteuer ist auf Antrag gegen Bestellung voller Sicherheit für eine Frist von 6 Monaten zu stunden.

(2) Die oberste Landesfinanzbehörde bestimmt die Grundsätze, nach denen die Sicherheit zu leisten ist, und die Voraussetzungen, unter denen Stundungen für kürzere Fristen auch ohne Sicherheitsleistung gewährt oder gestundete Beiträge vor Ablauf der Stundungsfrist eingezogen werden können.

Allg. Verf. d. FM. v. 18. 6. 06 zu § 16.

§ 17.

b) Stundungsanerkenntnis; Stundungsbetrag.

(1) Derjenige, dem Zigarettensteuer gestundet wird, hat bei jeder Verabfolgung von Steuerzeichen

der Hebestelle mit dem Bestellzettel (§ 10) ein Stundungsanerkenntnis über den Steuerbetrag der verabfolgten Zeichen zu übergeben.

(2) Der Betrag jedes Anerkenntnisses muß 10 Mk. erreichen.

§ 18.

c) Stundungsfrist.

(1) Die Stundungsfrist beginnt mit dem Tage der Verabfolgung der Steuerzeichen.

(2) Die gestundeten Beträge sind spätestens am fünfundzwanzigsten Tage des Monats, in dem die Stundungsfrist abläuft, und wenn dieser Tag ein Sonn- oder Feiertag ist, spätestens am vorhergehenden Werktag einzuzahlen.

§ 19.

6. Umtausch und Ersatz von Steuerzeichen.

a) Noch nicht entwertete Steuerzeichen.

Noch nicht entwertete Steuerzeichen können, wenn sie unbeschädigt sind und, falls sie bereits zerschnitten sind, den Wert ganzer Bogen haben (§ 10 Abs. 2), bei der Hebestelle gegen solche mit anderen Wertbeträgen unentgeltlich umgetauscht werden. Der Hebestelle ist eine Aufstellung der umzutauschenden Steuerzeichen unter Benutzung des mit der Aufschrift „Rücklieferungszettel" zu versehenden Musters 1 neben einem Bestellzettel für die an ihrer Stelle gewünschten Steuerzeichen vorzulegen. Statt des Umtausches kann mit Genehmigung der Direktivbehörde eine Rückzahlung des für die Steuerzeichen entrichteten

Betrags erfolgen, wenn ein Fabrikant die Herstellung oder ein Händler die Einfuhr von der Zigarettensteuer unterliegenden Waren aufgibt. Die zurückgezahlten Beträge sind bei den Erstattungen für unrichtige Erhebungen usw. nachzuweisen.

§ 20.

b) Verdorbene, noch nicht angebrachte Steuerzeichen.

(1) Für verdorbene, noch nicht angebrachte Steuerzeichen kann auf Anweisung des Hauptamts unentgeltlich Ersatz gewährt werden, wenn der Schaden mindestens 3 Mark beträgt.

(2) Der Anspruch ist bei der Hebestelle unter Vorlegung der verdorbenen Steuerzeichen und einer Aufstellung nach Muster 1 schriftlich anzumelden. Der Ersatz darf, abgesehen von dem im § 19 Satz 3 erwähnten Falle, nur durch Verabfolgung anderer Steuerzeichen erfolgen. Die verdorbenen Steuerzeichen sind bei dem Hauptamt in Gegenwart von zwei Beamten zu vernichten.

(3) Die Entscheidung des Hauptamts und die über die Vernichtung aufgenommene Verhandlung sind der Nachweisung über den Verkauf von Steuerzeichen als Belege beizufügen.

Allg. Verf. d. FM. v. 18. 6. 06 zu § 20.

§ 21.

c) Bereits angebrachte Steuerzeichen.

(1) Ein Ersatz für bereits angebrachte Steuerzeichen findet nur durch unentgeltliche Verab-

folgung anderer Steuerzeichen an den Hersteller der versteuerten Waren und nur in folgenden Fällen statt:

1. wenn Steuerzeichen versehentlich nicht in der vorgeschriebenen Weise oder in unrichtigem Steuerbetrag oder an unrichtigen Packungen angebracht oder unmittelbar nach der Anbringung beschädigt worden sind und die Packungen sich noch ungeöffnet in der Erzeugungsstätte oder im Zollgewahrsam befinden;
2. wenn mit Steuerzeichen versehene Packungen von Zigaretten und Zigarettentabak ohne vorherige Öffnung in den Fabrikbetrieb zurückgenommen werden;
3. wenn mit Steuerzeichen versehene bereits geöffnete Packungen von Zigaretten und Zigarettentabak in den Fabrikbetrieb zurückgenommen werden, sofern der Nachweis erbracht werden kann, daß der Inhalt der Packungen nach ihrer Öffnung nicht verändert worden ist.

Im Falle 1 muß der Wert der Steuerzeichen mindestens 1 Mark, in den Fällen 2 und 3 mindestens 10 Mark betragen.

(2) Der Ersatzanspruch ist bei der Hebestelle unter Beifügung einer Aufstellung der in Betracht kommenden Steuerzeichen gemäß Muster 1 schriftlich anzumelden und der Sachverhalt durch einen Oberbeamten festzustellen. Die Entscheidung über den

Ersatzanspruch trifft in den Fällen 1 und 2 das Hauptamt, im Falle 3 die Direktivbehörde. Wird der Ersatzanspruch als begründet anerkannt, so sind die Steuerzeichen unter Aufsicht eines Oberbeamten und eines zweiten Beamten zu vernichten. Die Vernichtung der Steuerzeichen und die Zurücknahme der Zigaretten oder des Zigarettentabaks in den Fabrikbetrieb ist von den Beamten auf der Anmeldung zu bescheinigen und diese der Hebestelle zuzustellen. Die Anmeldung und die Entscheidung sind gemäß § 20 Abs. 3 zu behandeln.

§ 22.

7. Ausfuhr von Zigarettentabak, Zigaretten und Zigarettenhüllen ohne Entrichtung der Zigarettensteuer.

(1) Zigarettentabak, Zigaretten und Zigarettenhüllen, die vor Anbringung der Steuerzeichen unter Steueraufsicht ausgeführt werden, bleiben von der Zigarettensteuer befreit. Der Ausfuhr steht die Aufnahme in eine Zollniederlage gleich. Bei Zurücknahme der niedergelegten Waren sind diese wie ausländische zu behandeln.

(2) Sollen der Zigarettensteuer unterliegende Waren steuerfrei ausgeführt oder niedergelegt werden, so hat der Fabrikinhaber bei der Hebestelle einen Begleitschein nach Muster 3 in doppelter Ausfertigung einzureichen. Muster 3.

(3) Bei der Abfertigung der Waren sowie bei der Ausfertigung, Erledigung, Nachprüfung und

Rücksendung der Begleitscheine finden die im Vereinszollgesetz, in der Zollbegleitscheinordnung und in den Zollniederlageordnungen erlassenen Bestimmungen entsprechende Anwendung.

(4) Die Direktivbehörde kann für die Ausfuhr von Proben und von kleineren Sendungen im Postverkehr Erleichterungen zulassen.[1])

Allg. Verf. d. FM. v. 18. 6. 06 zu § 22.

[1]) Diese Erleichterungen bestehen für Berlin und die Provinz Brandenburg nach einer Verfügung des Provinzialsteuerdirektors in Berlin vom 5. 9. 06 — Nr. 16408 — darin, daß bei Fabrikanten, welche häufiger zigarettensteuerpflichtige Erzeugnisse in kleineren Sendungen mit der Post nach dem Auslande ausführen, widerruflich von der Vorführung zur amtlichen Revision und der Ausfertigung von Begleitscheinen abgesehen werden kann, sofern sie sich verhandlungsmäßig verpflichten, die betreffenden Sendungen in ein Postausgangsbuch nach bestimmtem Muster einzutragen und sich nachstehenden Kontrollemaßregeln unterwerfen. Bei den in den Fabriken von den Oberbeamten vorzunehmenden Revisionen sind sämtliche seit der letzten Revision stattgehabten Eintragungen in dem Postausgangsbuch auf Grund der auf Verlangen vorzulegenden Geschäftsbücher bzw. Geschäftspapiere über Fabrikation, Bestellung und Veräußerung der Erzeugnisse zu prüfen und Umfang und Ergebnis der Ermittlungen in Spalte 16 des Musters zu vermerken. Denselben ist seitens der Fabrikanten ferner die Revision der zur Versendung fertiggestellten Poststücke zu gestatten, wobei die erforderlichen Hilfsdienste zu leisten oder leisten zu lassen sind. Des weiteren ist den Fabrikanten zu eröffnen, daß bei wiederholten Mißstimmungen die nur widerruflich erteilte Vergünstigung zurückgezogen werden würde, und neben Einziehung der Steuer die Einleitung des Strafverfahrens zu gewärtigen sei.

§ 23.

8. Abgabe von Zigarettentabak und Zigarettenhüllen an Zigarettenfabriken.

Sollen Zigarettentabak oder Zigarettenhüllen, die an Zigarettenfabriken zur weiteren Verarbeitung oder Behandlung in ihrem Betriebe (Herstellung von Zigaretten, Verpackung als Zigarettentabak usw.), abgegeben werden, ohne die vorgeschriebene Verpackung und ohne Anbringung von Steuerzeichen (§ 3 Abs. 2 und § 5 Abs. 1 des Gesetzes) aus der Erzeugungsstätte entfernt werden, so sind sie zuvor nach Art und Menge unter Benutzung des vorgeschriebenen Musters der Steuerbehörde in doppelter Ausfertigung anzumelden. Muster 4. Kommen derartige Abgaben in einem Betriebe häufiger vor, so kann die Direktivbehörde bezüglich ihrer Anmeldung Erleichterungen zulassen. Die Steuerbehörde überzeugt sich in geeigneter Weise von der erfolgten Versendung und benachrichtigt hiervon unter Übersendung einer Ausfertigung das für den Empfänger zuständige Steueramt.

Zu § 5 des Gesetzes.

§ 24.

1. Herstellung der Packungen.

Auf Antrag kann von der Direktivbehörde genehmigt werden, daß die Verpackung des Zigarettentabaks und der Zigaretten in von ihrer Erzeugungsstätte getrennten Betrieben vorgenommen wird. Die

Überführung von der Erzeugungsstätte nach der Verpackungsstelle und zu ersterer zurück hat unter Beobachtung der von der Steuerbehörde vorzuschreibenden Maßnahmen zu erfolgen; die erforderlichen Bestimmungen trifft die Direktivbehörde.

§ 25.

2. Größe der Packungen.

(1) Die Größe der Packungen wird entsprechend den im § 8 angegebenen Wertbeträgen der Steuerzeichen festgesetzt:

1. für Zigaretten:
   der Steuerklasse 1a zu 5, 8, 10, 15, 20, 25, 50, 100, 500 und 1000 Stück,
   der Steuerklasse 1b zu 4, 5, 10, 20, 25, 50, 100 und 500 Stück,
   der Steuerklasse 1c zu 3, 5, 10, 20, 25, 50, 100 und 500 Stück,
   der Steuerklasse 1d zu 5, 10, 20, 25, 50, 100 und 500 Stück,
   der Steuerklasse 1e zu 5, 10, 20, 25, 50 und 100 Stück,
   der Steuerklasse 1f zu 5, 10, 20, 25, 50 und 100 Stück;
2. für Zigarettentabak sämtlicher Steuerklassen zu 20, 25, 50, 75, 100, 125, 200, 250 und 500 g;
3. für Zigarettenhüllen zu 50, 60, 100 und 200 Stück.

(2) Zigarettenpackungen von über 100 Stück sind in den Steuerklassen 1a, 1b, 1c und 1d nur dann zugelassen, wenn jede einzelne Zigarette Firma und Sitz des Herstellers oder Händlers trägt.

(3) Packungen von Zigarettenhüllen können mit einem Vielfachen der in Ziffer 3 angegebenen Stückzahlen oder mit einer sich aus diesen Stückzahlen zusammensetzenden Menge und zwar bis zu 1000 Stück hergestellt und abgegeben werden. Die vergrößerten Packungen sind mit der entsprechenden Zahl von Steuerzeichen zu versehen z. B. Packungen von 150 Stück mit einem Steuerzeichen für 50 und einem solchen für 100 Stück.

(4) Bei den Packungen von Zigarettentabak bleiben durch Austrocknen oder Anziehen von Feuchtigkeit verursachte Gewichtsunterschiede bis zu 15 v. H. unberücksichtigt.

§ 26.

3. Einrichtung der Packungen.

Die Umschließungen der Zigaretten und des Zigarettentabaks dürfen aus Holz, Zellstoff, Gelatine, Pappe, Papier, Zinnfolie oder sonstigem Metall, diejenigen der Zigarettenhüllen nur aus Papier oder Pappe bestehen. Sie müssen ihren Inhalt vollständig umgeben und so eingerichtet sein, daß sie ohne wahrnehmbare Verletzung nur an einzelnen, als zur Öffnung bestimmt erkennbaren Stellen geöffnet werden können und daß der Inhalt nur nach

Öffnung dieser Stellen entnommen werden kann. Die Öffnungsstellen der Packungen müssen so angeordnet und die Verschließung dieser Stellen muß so eingerichtet sein, daß durch Umlegung eines Steuerzeichens um die Packung der steuerliche Verschluß sämtlicher Öffnungsstellen möglich ist.

§ 27.

4. Bezeichnung der Packungen.

(1) Der Kleinverkaufspreis oder die Preisgrenzen der Steuerklasse können für die einzelne Packung oder bei Zigaretten für 1000 Stück, bei Zigarettentabak für 1 kg berechnet, angegeben werden. Erfolgt die Preisangabe ohne Zusatz, so wird angenommen, daß sie sich lediglich auf den Inhalt der Packung bezieht.

(2) Die Preisangabe kann statt unmittelbar auf der Packung in dem Entwertungsfelde des Steuerzeichens (§ 7) mittels Stempelung oder Druck angebracht werden; ferner gilt die Vorschrift, daß auf jeder Packung Name und Sitz der Firma des Herstellers oder des Händlers ersichtlich zu machen ist, auch als erfüllt, wenn diese Angaben in den auf dem Steuerzeichen anzubringenden Entwertungsvermerk (§ 11) aufgenommen werden.

(3) Will ein Fabrikant statt der vollständigen Angabe der Firma ein gesetzlich geschütztes Firmenzeichen benutzen, so hat er der Steuerbehörde gleichzeitig mit der Mitteilung des Zeichens den Nach-

weis zu liefern, daß das Zeichen ihm gesetzlich geschützt ist. Die Steuerbehörden haben über die ihnen mitgeteilten Zeichen nach Anordnung der Direktivbehörde ein fortlaufendes Verzeichnis zu führen.

§ 28.

Feingeschnittener Tabak ist nur dann von der Zigarettensteuer befreit, wenn die auf der Verpackung oder, sofern der Tabak unverpackt im kleinen abgegeben wird, die auf dem Behältnis, aus dem der Verkauf unmittelbar erfolgt, anzubringende Preisangabe auch für den Käufer unzweifelhaft erkennen läßt, daß der Kleinverkaufspreis nicht mehr wie 3 Mk. für 1 kg beträgt. Eine Angabe des Gewichts der Packung neben der Preisangabe ist bei diesem Tabak nicht erforderlich.

Zu § 6 des Gesetzes.

§ 29.

Eingeführte, der Zigarettensteuer unterliegende Waren.

(1) Ausländische, der Zigarettensteuer unterliegende Waren, die hinsichtlich der Verpackung den Vorschriften des § 5 in Verbindung mit § 3 Abs. 2 des Gesetzes nicht entsprechen, dürfen zur Einfuhr in das Inland nur dann zugelassen werden, wenn der Einbringer sich bereit erklärt, sie nach Vorschrift zu verpacken oder umzupacken oder sie zu dem der nächstgrößeren Packung entsprechenden Satze zu versteuern (§ 8 Abs. 2). Die Verpackung oder Umpackung

im Inland erfolgt unter amtlicher Aufsicht, für die nach Maßgabe der Zollgebührenordnung Gebühren zu entrichten sind.

(2) Die Anbringung der Steuerzeichen hat vor oder bei der Zollabfertigung stattzufinden. Die Waren dürfen erst dann aus dem Zollgewahrsam freigegeben werden, wenn die Zollstelle von der richtigen Versteuerung Überzeugung genommen und dies in dem Abfertigungspapiere bestätigt hat.

(3) Für die innerhalb der geordneten Dienstzeit stattfindende Aufsicht hinsichtlich der Anbringung der Steuerzeichen werden Gebühren nicht erhoben.

(4) Auf Ansuchen kann Großhändlern durch die oberste Landesfinanzbehörde unter besonderen, von dieser zu bestimmenden Bedingungen[1]) widerruflich gestattet werden, die Steuerzeichen an dem ausländischen Herstellungsorte der Waren anbringen und die Zeichen durch den ausländischen Hersteller entwerten zu lassen.

[1]) Vgl. FME. v. 16. 8. 06 (Abschnitt III des Buches).

Zu den §§ 7 bis 10 des Gesetzes.

§ 30.

Vorschriften für die Betriebe.

1. Den Betriebsinhabern vorgeschriebene Anmeldungen usw. Beleghefte.

(1) Die in den §§ 7, 8, 9 und 10 des Gesetzes vorgeschriebenen Anzeigen und Beschreibungen sind

der zuständigen Steuerstelle in zwei Ausfertigungen einzureichen und von dieser sofort dem Oberkontrolleur zuzustellen, der ihre Richtigkeit feststellen und auf beiden Ausfertigungen bestätigen wird.

(2) Eine Ausfertigung der Anzeigen usw. verbleibt bei der Steuerstelle als Beleg zu einem dort nach näherer Anweisung der Direktivbehörde zu führenden Verzeichnisse der in ihrem Hebebezirke vorhandenen Betriebe, die sich mit der Herstellung von der Zigarettensteuer unterliegenden Waren befassen. Die zweiten Ausfertigungen sind dem Betriebsinhaber oder Betriebsleiter zurückzugeben, von diesem zu einem Beleghefte zu vereinigen und in den Betriebsräumen nach näherer Bestimmung des Oberkontrolleurs aufzubewahren.

§ 31.

2. Anmeldung der Heimarbeiter.

(1) Die Verpflichtung zur Anmeldung der Betriebs- und Lagerräume erstreckt sich auch auf die von einem Fabrikanten etwa beschäftigten Heimarbeiter. Haben die Heimarbeiter keine gesonderten Arbeitsräume, so gilt die Verpflichtung als erfüllt durch die Aufnahme von Name und Wohnung der Heimarbeiter in das Heimarbeitsbuch (§ 38); andernfalls sind die Arbeitsräume nach Maßgabe des § 7 Abs. 1 des Gesetzes zu beschreiben.

(2) Hinsichtlich der Form der Anmeldung kann die Direktivbehörde Erleichterungen zulassen.

§ 32.

3. Angaben über die Verpackungsart und Hinterlegung von Verpackungsproben.

(1) Angaben über die Verpackungsart der Waren sind bis auf weiteres in allen Fällen zu verlangen. Diese Angaben haben sich auch darauf zu erstrecken, in welcher Weise bei den einzelnen Verpackungsarten die Anbringung der Steuerzeichen beabsichtigt ist. Die Hinterlegung von Proben ist insbesondere für solche Packungen zu fordern, die der allgemein üblichen Verpackungsart nicht entsprechen.

(2) In der Regel wird es ausreichend sein, die Hinterlegung von Verpackungsproben ohne Inhalt zu verlangen.

(3) Die Entschädigungen hierfür sind von den Bundesstaaten aus der Verwaltungskostenvergütung zu entrichten.

(4) Bestehen bei der Steuerstelle Zweifel, ob die Verpackungen und die Art der Anbringung der Steuerzeichen den gegebenen Vorschriften entsprechen, so ist die Entscheidung der Direktivbehörde einzuholen.

Allg. Verf. d. FM. v. 18. 6. 06 zu § 32.

§ 33.

4. Kleinverkauf durch tabakverarbeitende Betriebe und Hersteller von Zigarettenhüllen.

Den Inhabern tabakverarbeitender Betriebe jeder Art sowie den Herstellern von Zigarettenhüllen ist der Kleinverkauf von der Zigarettensteuer unterliegenden Waren nur in einem von dem Fabrikationsraume völlig getrennten Raume gestattet. Der Verkaufsraum gilt hinsichtlich der von dem Betriebsinhaber selbst hergestellten der Zigarettensteuer unterliegenden Waren nicht als Teil der Erzeugungsstätte im Sinne des § 3 Abs. 1 des Gesetzes. In dem Verkaufsraume dürfen weder unversteuerter Zigarettentabak oder unversteuertes Zigarettenpapier noch zur Zigarettenherstellung geeignete Einrichtungen oder Werkzeuge vorhanden sein.

Zu den §§ 11 und 12 des Gesetzes.

§ 34.

5. Lagerung der fertigen Erzeugnisse.

(1) Die der Zigarettensteuer unterliegenden Waren sind, nachdem sie die für den Kleinverkauf bestimmte Verpackung erfahren haben, in die für ihre Lagerung angemeldeten Räume zu verbringen. Wenn für die Lagerung keine besonderen Räume bestimmt sind, sind die Teile der Betriebsräume, wo die Lagerung erfolgen soll, durch Anschlag einer Tafel mit der Aufschrift: „Lagerstelle für Zigaretten", „Lagerstelle für Zigarettentabak" oder „Lagerstelle für Zigarettenhüllen" kenntlich zu machen. Außerhalb dieser Räume und Lagerstellen dürfen verpackte Erzeugnisse der bezüglichen Art nicht aufbewahrt werden. Die Lagerung hat getrennt nach den Warengattungen

und Steuerklassen und innerhalb letzterer nach gleichartigen Packungen in übersichtlicher Weise zu erfolgen.

(2) Die noch nicht verpackten fertigen Erzeugnisse sind derart (in Kisten, Schragen usw.) zu verwahren, daß ihr Gewicht jederzeit festgestellt werden kann.

§ 35.

6. Buchführung

a) über Erzeugnisse.

(1) Über den Zu- und Abgang von der Zigarettensteuer unterliegenden Erzeugnissen im Betriebe sind Bücher nach Muster 5, 6 und 7 (Betriebsbuch A, B, C) zu führen.

ter 5, und 7.

(2) In diesen Büchern sind am Schlusse bestimmter, nach Anhörung des Fabrikanten vom Hauptamte festzusetzender Zeitabschnitte, die den Zeitraum von einer Woche nicht übersteigen dürfen, sämtliche während dieses Zeitabschnitts hergestellten sowie sämtliche aus der Erzeugungsstätte entfernten versteuerten Erzeugnisse und zwar getrennt nach Steuerklassen nachzuweisen. Die Anschreibung der entfernten unversteuerten Erzeugnisse (§§ 22 und 23) hat alsbald zu erfolgen. Die Eintragungen haben nach Maßgabe der auf dem Muster gegebenen Anleitung zu geschehen.

(3) Zigarettenfabriken, die Zigarettentabak oder Zigarettenhüllen nur für den eigenen Gebrauch herstellen, sind von einer besonderen Buchführung über diese Erzeugnisse befreit.

(4) Die am Tage des Inkrafttretens des Gesetzes in der Fabrik befindlichen Erzeugnisse sind ebenfalls in den Betriebsbüchern nachzuweisen.

§ 36.

b) über Rohtabak und Zigarettenpapier.

(1) Bis auf weiteres haben die Hersteller von Zigarettentabak und Zigaretten auch über den zur Verarbeitung bezogenen Tabak und die Hersteller von Zigarettenhüllen über das zur Verarbeitung bezogene Zigarettenpapier Bücher nach Muster 8 und 9 (Betriebsbuch D, E) zu führen. Zigarettenfabrikanten, die Hülsen und Blättchen nur für ihren eigenen Zigarettenbetrieb herstellen, können von der Buchung des bezogenen Papiers entbunden werden. Muster 8, 9

(2) In diesen Büchern ist jeder Zugang von geschnittenem oder ungeschnittenem Tabak und von Zigarettenpapier in den Betrieb nach dem Gewicht anzuschreiben und jede unverarbeitet aus dem Betrieb abgegebene Menge unter Angabe des Empfängers abzuschreiben. Die zur Verarbeitung im Betrieb entnommenen Mengen sind übereinstimmend mit den Anschreibungen in den Betriebsbüchern A, B und C (§ 35) abzuschreiben.

§ 37.

7. Bestandsaufnahmen.

(1) Jährlich mindestens einmal ist durch einen Oberbeamten der Bestand an der Zigarettensteuer

unterliegenden Erzeugnissen festzustellen und mit den abzuschließenden Betriebsbüchern zu vergleichen. Hierbei sind probeweise Ermittelungen der Vorräte zulässig. Die Verhandlung über die Bestandsaufnahme ist dem Hauptamt einzureichen; dieses hat wegen der zu erhebenden Steuer für Fehlmengen Entscheidung zu treffen.

(2) Die Bestandsaufnahme hat sich auch auf die in den Betriebsbüchern D und E (§ 36) angeschriebenen Waren zu erstrecken; dabei ist in gleicher Weise zu verfahren.

§ 38.

8. Aufsichtsmaßnahmen für die Heimarbeit.

(1) Fabrikanten, die Heimarbeiter beschäftigen, haben nach näherer Anordnung der Direktivbehörden ein besonderes Buch (Heimarbeitsbuch) zu führen, in dem, für jeden Heimarbeiter gesondert, jede Abgabe von Tabak oder Zigarettenpapier und die Rücklieferung der daraus hergestellten Erzeugnisse einzutragen ist und etwaige Gewichts- oder Mengenunterschiede festzustellen sind.

(2) Bleiben die Rücklieferungen hinter den Abgaben in einem den gewöhnlichen Fabrikationsabgang überschreitenden Umfange zurück, so hat der Fabrikant der Steuerbehörde davon Anzeige zu erstatten.

(3) Für die Verbringung fertiger Erzeugnisse von der Wohnung des Heimarbeiters nach der Fabrik haben die Vorschriften der §§ 3 Abs. 1 und 5 Abs. 1 des Gesetzes keine Geltung.

(4) Die bezüglich des Kleinverkaufs von der Zigarettensteuer unterliegenden Waren für den Hersteller gegebenen Vorschriften (§ 33) finden auch auf die Heimarbeiter Anwendung.

Zu den §§ 13 bis 15 des Gesetzes.

§ 39.

1. Steueraufsicht.

(1) Zahl und Ausführung der steuerlichen Prüfungen, die in den Betrieben, welche sich mit dem Schneiden von Zigarettentabak oder mit der Herstellung von Zigaretten, Zigarettenhülsen oder -blättchen befassen, sowie in den Verkaufsstellen für Zigarettentabak, Zigaretten und Zigarettenhüllen vorzunehmen sind, bestimmt die oberste Landesfinanzbehörde.

(2) Oberbeamte der Steuerverwaltung sind die Oberkontrolleure und die ihnen gleichgestellten oder übergeordneten Beamten. Die den Oberbeamten und die den Oberkontrolleuren beigelegten Befugnisse können von der Direktivbehörde anderen Beamtenklassen, vom Hauptamt einzelnen anderen Beamten dauernd oder vorübergehend übertragen werden.

Allg. Verf. d. FM. v. 18. 6. 06 zu § 39.

§ 40.

Die Vorschrift im § 13 Abs. 1 des Gesetzes erstreckt sich auch auf die entsprechenden Räume der Heimarbeiter.

§ 41.

2. Erleichterungen bezüglich der Vorschriften der §§ 30—40.

Für Betriebe, in denen auf Antrag die Herstellung von der Zigarettensteuer unterliegenden Waren in steuersicher abgeschlossenen Räumen unter ständiger amtlicher Überwachung erfolgt, kann die oberste Landesfinanzbehörde Erleichterungen bezüglich der Vorschriften der §§ 30 bis 40 unter Anordnung der anzuwendenden Aufsichtsmaßnahmen zulassen.

Zu den §§ 15 und 16 des Gesetzes.

§ 42.

Vorschriften für den Kleinhandel.

1. Einzelverkauf von Zigaretten.

(1) Die im Einzelverkauf abgegebenen Zigaretten sind unmittelbar den mit Steuerzeichen versehenen, zugehörigen Umschließungen zu entnehmen. In den Verkaufsstätten darf für den Einzelverkauf von jeder Sorte nur eine Umschließung geöffnet sein. Solange aus den geöffneten Umschließungen verkauft wird, muß das daran angebrachte Steuerzeichen in allen Teilen erkennbar erhalten bleiben. Ist der ganze Inhalt der Umschließung verkauft, so ist diese unter Beseitigung oder Unkenntlichmachung der Steuerzeichen zur Wiederverwendung als Zigarettenpackung unbrauchbar zu machen und aus der Verkaufsstätte zu entfernen.

(2) Aus Luxuspackungen, an denen das Steuer=

zeichen gemäß § 12 Abs. 3 angebracht ist, ist der Einzelverkauf nicht gestattet.

§ 43.

2. Aushang.

(1) Der Aushang gemäß der Vorschrift des § 15 Abs. 2 des Gesetzes ist bis auf weiteres in allen Verkaufsstätten für Zigaretten zu fordern, deren Inhaber nicht ausdrücklich auf den Einzelverkauf von Zigaretten verzichten und darüber eine schriftliche Erklärung dem Steueramt abgeben. Der Aushang muß in Druckschrift mit mindestens 1/2 cm großen Buchstaben hergestellt sein und wird von der Steuerbehörde unentgeltlich geliefert. Er hat folgende Vorschriften zu enthalten:

1. daß auf jeder Packung Zigaretten der Kleinverkaufspreis oder die Preisgrenzen der Steuerklasse angegeben sein müssen (§ 5 Abs. 2 des Gesetzes),
2. daß jede Packung ein unverletztes Steuerzeichen tragen muß (§ 3 Abs. 1 und § 16 des Gesetzes),
3. daß die Zigaretten einzeln nur aus den zugehörigen, mit dem Verkaufspreise bezeichneten und mit Steuerzeichen beklebten Umschließungen verkauft werden dürfen (§ 16 Abs. 1 des Gesetzes),
4. daß geöffnete, ganz oder teilweise geleerte Packungen mit Zigaretten nicht nachgefüllt

werden dürfen und nach völliger Entleerung zur Wiederverwendung als Zigarettenpackung nach Entfernung des Steuerzeichens unbrauchbar zu machen und aus der Verkaufsstätte zu entfernen sind (§ 16 Abs. 1 des Gesetzes).

(2) Die Fassung erfolgt durch die Direktivbehörden.

Allg. Verf. d. FM. v. 18. 6. 06 zu § 43.

§ 44.

3. Einzelverkauf durch Hersteller und Großhändler.

(1) Den Herstellern von Zigaretten und denjenigen Personen, die Großhandel mit Zigaretten betreiben, ist nach § 5 Abs. 1 des Gesetzes der Einzelverkauf nicht gestattet.

(2) Herstellern und Großhändlern, die einen von dem Fabrikations- und Großhandelsbetriebe räumlich derart getrennten Kleinverkaufsbetrieb für Zigaretten unterhalten, daß eine heimliche Einbringung unversteuerter Zigaretten in die Verkaufsstätte nicht zu befürchten ist, kann der Einzelverkauf von Zigaretten von der Direktivbehörde widerruflich gestattet werden.

Zu § 31 des Gesetzes.

§ 45.

1. Verwaltungskostenvergütung.

Für die Erhebung und Verwaltung der Zigarettensteuer werden jedem Bundesstaate vorläufig vier vom Hundert der in seinem Gebiete zur Verrechnung gekommenen Roh-Solleinnahme vergütet.

§ 46.

2. Abzuliefernder Ertrag der Steuer.

Der in die Reichskasse fließende Ertrag der Zigarettensteuer besteht aus der gesamten aufgekommenen Einnahme nach Abzug:

1. der auf dem Gesetz oder auf allgemeinen Verwaltungsbestimmungen beruhenden Steuererstattungen;
2. der nach der Vorschrift des § 45 zu berechnenden Erhebungs- und Verwaltungskosten.

Allg. Verf. d. FM. v. 18. 6. 06 zu § 46.

Zu § 33 des Gesetzes.

§ 47.

Vergütung der auf Grund des Tabaksteuergesetzes vom 16. Juli 1879 gezahlten Abgaben.

Die Vergütung der auf Grund des Tabaksteuergesetzes vom 16. Juli 1879 gezahlten Abgaben erfolgt nach Maßgabe des Regulativs von 1888 mit den in der Anlage A enthaltenen Änderungen. Anlage A

Zu § 34 des Gesetzes.

§ 48.

Übergangsvorschriften.

(1) Die Anmeldung der Vorräte ist nach näherer Bestimmung der Direktivbehörden in doppelter Aus-

fertigung bei der Steuerstelle abzugeben, die sie sofort dem Oberkontrolleur zur Prüfung zustellt. Die Prüfung erfolgt probeweise. Eine Ausfertigung wird sodann bei der Steuerstelle aufbewahrt, die andere wird dem Anmelder zurückgegeben und ist von diesem den Steueraufsichtsbeamten auf Verlangen jederzeit zur Einsicht vorzulegen.

(2) Von einem Fabrikanten oder Großhändler innerhalb der Fristen an einen Kleinhändler usw. abgegebene Mengen sind von letzterem unter Angabe des Tages des Bezugs und des Namens des Lieferers in der Anmeldung zuzuschreiben.

(3) Nach Ablauf der Fristen sind die innerhalb dieser verkauften Mengen der angemeldeten und der gemäß Abs. 2 bezogenen Vorräte an der Anmeldung abzuschreiben und die zu versteuernden Vorräte festzustellen. Die so abgeschlossene Anmeldung ist sodann der Steuerstelle wieder einzureichen, die sie mit einem Vermerk über die von dem Anmelder bezogenen Steuerzeichen dem Oberkontrolleur zustellt, der eine Prüfung darüber vornimmt oder veranlaßt, ob alle Vorräte in vorgeschriebener Weise mit Steuerzeichen versehen worden sind.

(4) Zu den Fabrikvorräten zählen nur die bereits verkaufsfertig verpackten Zigarettentabake, Zigaretten und Zigarettenhüllen. Eine nachträgliche Umpackung der angemeldeten Fabrikvorräte ist nach vorheriger Anzeige bei der zuständigen Steuerstelle zulässig. Die im Besitze von Händlern unverpackt vorhandenen

Vorräte dürfen innerhalb der Übergangsfrist noch unverpackt im kleinen abgegeben werden.

§ 49.

Die Ermächtigung, die Frist von zwei Monaten für Zigarettenblättchen bei Kleinhändlern im Bedarfsfalle entsprechend zu verlängern, wird für eine Verlängerung der Frist bis zu 5 Monaten im ganzen dem Reichskanzler übertragen. Gesuche um erstmalige Verlängerung der Frist sind spätestens bis zum 1. August d. J. und Gesuche um weitere Verlängerung spätestens 6 Wochen vor Ablauf der verlängerten Frist der zuständigen Steuerstelle vorzulegen.

§ 50.

Statistik.

(1) Die Hauptämter haben für jedes Rechnungsjahr Nachweisungen über Herstellung und Einfuhr von Zigaretten, Zigarettentabak, Zigarettenhüllen sowie über den Verkauf von Steuerzeichen nach Muster 10 und 11 doppelt aufzustellen. Die Direktivbehörde hat aus den Aufstellungen der Hauptämter Hauptnachweisungen für den Direktivbezirk zusammenzustellen und diese nebst je einer Ausfertigung der von den Hauptämtern vorgelegten Nachweisungen mit einem erläuternden Begleitschreiben bis zum 1. Juni an das Kaiserliche Statistische Amt einzusenden. Muster 10 und 11

(2) Der Reichskanzler ist ermächtigt, die Muster 10 und 11 abzuändern, sofern sich in der Folge ein Bedürfnis dafür ergibt.

(3) Die Straffälle in bezug auf die Zigarettensteuer sind in der durch den Bundesratsbeschluß vom 26. Juni 1880 (Zentralblatt S. 494) vorgeschriebenen Nachweisung der Straffälle unter Ziffer 12 nachzuweisen.

§ 51.

Das Begleitschreiben soll, abgesehen von den etwa erforderlichen Klarstellungen einzelner Angaben der Nachweisungen, die Verhältnisse des Zigarettengewerbes (einschließlich der Herstellung von Zigarettentabak und Zigarettenhüllen) behandeln und sich insbesondere auf folgende Punkte erstrecken:

1. Umfang der Herstellung und Versteuerung von Tabakerzeugnissen von der Art und Form der Zigarette, bei denen das Papierdeckblatt fehlt oder durch eine andere Decke ersetzt ist.
2. Umfang der Herstellung und des Vertriebs von feingeschnittenem Tabak im Kleinverkaufspreise von 3 Mk. und weniger das Kilogramm.
3. Umfang der Herstellung und des Vertriebs von feingeschnittenem Tabak im Kleinverkaufspreise von über 3 Mk. das Kilogramm, der auf Grund des § 2 Abs. 3 des Gesetzes von der Zigarettensteuer befreit ist.
4. Umfang des Einzelverkaufs der Zigaretten.
5. Umfang der Selbstherstellung der Zigaretten durch die Raucher und Wahrnehmungen über etwaige Zunahme dieses Umfanges.
6. Verhältnisse der Heimarbeit.

§ 52.

Das Kaiserliche Statistische Amt hat aus den Nachweisungen und den erläuternden Begleitschreiben Zusammenstellungen zu fertigen und zu veröffentlichen.

§ 53.

Schlußbestimmungen.

Der Reichskanzler ist ermächtigt, wegen Form, Anbringung und Entwertung der Steuerzeichen anderweite Anordnungen zu treffen.

Anlage A.

Bestimmungen

über

die Vergütung der auf Grund des Tabaksteuergesetzes vom 16. Juli 1879 gezahlten Abgaben bei der Ausfuhr oder Niederlegung von Zigaretten und Zigarettentabak (§ 33 des Gesetzes).

Das Regulativ, betreffend die Ausfuhrvergütung für Tabak (Zentralbl. f. d. Deutsche Reich 1888 S. 834) erhält hinsichtlich der Zigaretten und des Zigarettentabaks folgende Änderungen:

1. Bei der Ausfuhr von Zigarettentabak und Zigaretten oder bei ihrer Niederlegung in einer öffentlichen Niederlage oder in einem unter amtlichem Mitverschlusse stehenden Privatlager wird eine Vergütung der auf Grund des Tabaksteuergesetzes vom 16. Juli 1879 gezahlten Abgaben gewährt, die beträgt:

A. für Erzeugnisse aus ausländischem Tabak:

a) für Zigarettentabak . . . . 89 Mk.

b) für Zigaretten ohne Mundstück . . . 90 „
von je 100 kg des ausgeführten oder niedergelegten Reingewichts der Erzeugnisse,

c) für Zigaretten mit Mundstück . . . 93 „
von je 100 kg ihres Inhalts an Tabak;

B. für Erzeugnisse aus inländischem Tabak:
a) für Zigarettentabak . . . . 47 Mk.
b) für Zigaretten ohne Mundstück . . . 48 „
von je 100 kg des ausgeführten oder niedergelegten Reingewichts der Erzeugnisse,
c) für Zigaretten mit Mundstück . . . . 49 „
von je 100 kg ihres Inhalts an Tabak

und die

C. für Erzeugnisse, teilweise aus ausländischem und teilweise aus inländischem Tabak, nach Maßgabe des Mischungsverhältnisses beider Gattungen nach den vorstehend zu A und B aufgeführten Sätzen zu berechnen ist.

Den Mundstückszigaretten werden gleich behandelt alle Zigaretten, die anstatt des Papierdeckblatts ein anderes, jedoch nicht aus reinem Tabak bestehendes Deckblatt haben, sowie alle Zigaretten, deren Papierdeckblatt durch Verbindung mit anderen Stoffen beschwert ist (Korkauflage usw.). Aufdrucke mit Gold oder Farbstoffen bleiben dabei unberücksichtigt.

2. Der Tabakinhalt der Mundstückszigaretten ist in der Ausfuhranmeldung anzugeben. Die Richtigkeit der Angabe ist durch probeweise Verwiegung des auszustoßenden Inhalts von mindestens 10 Zigaretten festzustellen.

3. Bei Zigaretten aus Fabriken, deren Inhaber sich schriftlich verpflichtet haben, unter einer bestimmten Benennung stets nur gleichartige Zigaretten von einer näher anzugebenden und durch Hinterlegung von Mustern festzustellenden Beschaffenheit mit dem nämlichen Tabakinhalte zur Anmeldung zu bringen, ist nach näherer Bestimmung der Direktivbehörde von regelmäßiger Ermittelung des Tabakinhalts abzusehen und, falls sich bei der Prüfung keine Abweichung der Ware von den Mustern ergibt, der in der Anmeldung angegebene Tabakinhalt als richtig an-

zunehmen. Die Steuerstelle ist jedoch verpflichtet, auch von anscheinend dem Muster entsprechenden Zigaretten ab und zu Proben zu entnehmen und ihren Tabakinhalt festzustellen.

4. Die Bestimmungen der §§ 7 bis 19 des Regulativs finden nur Anwendung auf diejenigen Fabrikanten, die bei der Ausfuhr oder Niederlegung von Zigaretten und Zigarettentabak auf die unter Ziffer 1 A und C bezeichneten Vergütungen Anspruch machen, während bei Inanspruchnahme der unter Ziffer 1 B bezeichneten Vergütung nur die Bestimmungen in den §§ 2 bis 6 des Regulativs Platz greifen.

Muster 1.
(Ausf.Best. § 10.)

Bestellzettel
für
Steuerzeichen der Zigarettensteuer.

	Preis des einzelnen Steuerzeichens Pfg.	Preis des Bogens zu 20 Zeichen Mk.	Pfg.	Gesamtpreis für die bestellte Bogenzahl Mk.	Pfg.
A. Steuerzeichen für Zigaretten im Kleinverkaufspreise.					
a) bis zu 15 Mk. das Tausend:					
........Bogen zu 20 Zeichen für Packungen zu 5 Stck. Zigaretten	$^3/_4$	—	15		
.... " " 20 " " " " 8 " "	$1^1/_5$	—	24		
.... " " 20 " " " " 10 " "	$1^1/_2$	—	30		
.... " " 20 " " " " 15 " "	$2^1/_4$	—	45		
.... " " 20 " " " " 20 " "	3	—	60		
.... " " 20 " " " " 25 " "	$3^3/_4$	—	75		
Seite . .					

	Preis des einzelnen Steuerzeichens	Preis des Bogens zu 20 Zeichen		Gesamtpreis für die bestellte Bogenzahl	
	Pfg.	Mk.	Pfg.	Mk.	Pfg.
Übertrag					
........Bogen zu 20 Zeichen für Packungen zu 50 Stck. Zigaretten	$7^1/_2$	1	50		
.... „ „ 20 „ „ „ „ 100 „ „	15	3	—		
.... „ „ 20 „ „ „ „ 500 „ „	75	15	—		
.... „ „ 20 „ „ „ „ 1000 „ „	150	30	—		
b) über 15 bis 25 Mk. das Tausend:					
........Bogen zu 20 Zeichen für Packungen zu 4 Stck. Zigaretten	1	—	20		
.... „ „ 20 „ „ „ „ 5 „ „	$1^1/_4$	—	25		
.... „ „ 20 „ „ „ „ 10 „ „	$2^1/_2$	—	50		
.... „ „ 20 „ „ „ „ 20 „ „	5	1	—		
.... „ „ 20 „ „ „ „ 25 „ „	$6^1/_4$	1	25		
.... „ „ 20 „ „ „ „ 50 „ „	$12^1/_2$	2	50		
.... „ „ 20 „ „ „ „ 100 „ „	25	5	—		
.... „ „ 20 „ „ „ „ 500 „ „	125	25	—		

c) über 25 bis 35 Mk. das Tausend:

......Bogen zu 20 Zeichen für Packungen zu 3 Stck. Zigaretten	$1^1/_{20}$	—	21		
...... „ „ 20 „ „ „ „ 5 „ „	$1^3/_4$	—	35		
...... „ „ 20 „ „ „ „ 10 „ „	$3^1/_2$	—	70		
...... „ „ 20 „ „ „ „ 20 „ „	7	1	40		
...... „ „ 20 „ „ „ „ 25 „ „	$8^3/_4$	1	75		
...... „ „ 20 „ „ „ „ 50 „ „	$17^1/_2$	3	50		
...... „ „ 20 „ „ „ „ 100 „ „	35	7	—		
...... „ „ 20 „ „ „ „ 500 „ „	175	35	—		

d) über 35 bis 50 Mk. das Tausend:

......Bogen zu 20 Zeichen für Packungen zu 5 Stck. Zigaretten	$2^1/_2$	—	50		
...... „ „ 20 „ „ „ „ 10 „ „	5	1	—		
...... „ „ 20 „ „ „ „ 20 „ „	10	2	—		
...... „ „ 20 „ „ „ „ 25 „ „	$12^1/_2$	2	50		
...... „ „ 20 „ „ „ „ 50 „ „	25	5	—		
...... „ „ 20 „ „ „ „ 100 „ „	50	10	—		
...... „ „ 20 „ „ „ „ 500 „ „	250	50	—		
Seite . .					

	Preis des einzelnen Steuerzeichens Pfg.	Preis des Bogens zu 20 Zeichen Mk.	Preis des Bogens zu 20 Zeichen Pfg.	Gesamtpreis für die bestellte Bogenzahl Mk.	Gesamtpreis für die bestellte Bogenzahl Pfg.
Übertrag					
e) über 50 bis 70 Mk. das Tausend:					
.... Bogen zu 20 Zeichen für Packungen zu 5 Stck. Zigaretten	$3^1/_2$	—	70		
.... " " 20 " " " " 10 " "	7	1	40		
.... " " 20 " " " " 20 " "	14	2	80		
.... " " 20 " " " " 25 " "	$17^1/_2$	3	50		
.... " " 20 " " " " 50 " "	35	7	—		
.... " " 20 " " " " 100 " "	70	14	—		
f) über 70 Mk. das Tausend:					
.... Bogen zu 20 Zeichen für Packungen zu 5 Stck. Zigaretten	5	1	—		
.... " " 20 " " " " 10 " "	10	2	—		
.... " " 20 " " " " 20 " "	20	4	—		
.... " " 20 " " " " 25 " "	25	5	—		
.... " " 20 " " " " 50 " "	50	10	—		
.... " " 20 " " " " 100 " "	100	20	—		

B. Steuerzeichen für Zigarettentabak im Kleinverkaufspreise.						
a) über 3 bis 5 Mk. das Kilogramm:						
...... Bogen zu 20 Zeichen für Packungen zu 20 Gramm .	$1^3/_5$	—	32			
...... „ „ 20 „ „ „ „ 25 „ .	2	—	40			
...... „ „ 20 „ „ „ „ 50 „ .	4	—	80			
...... „ „ 20 „ „ „ „ 75 „ .	6	1	20			
...... „ „ 20 „ „ „ „ 100 „ .	8	1	60			
...... „ „ 20 „ „ „ „ 125 „ .	10	2	—			
...... „ „ 20 „ „ „ „ 200 „ .	16	3	20			
...... „ „ 20 „ „ „ „ 250 „ .	20	4	—			
...... „ „ 20 „ „ „ „ 500 „ .	40	8	—			
b) über 5 bis 10 Mk. das Kilogramm:						
...... Bogen zu 20 Zeichen für Packungen zu 20 Gramm .	$3^1/_5$	—	64			
...... „ „ 20 „ „ „ „ 25 „ .	4	—	80			
...... „ „ 20 „ „ „ „ 50 „ .	8	1	60			
...... „ „ 20 „ „ „ „ 75 „ .	12	2	40			
...... „ „ 20 „ „ „ „ 100 „ .	16	3	20			
		Seite . .				

	Preis des einzelnen Steuerzeichens Pfg.	Preis des Bogens zu 20 Zeichen Mk.	Preis des Bogens zu 20 Zeichen Pfg.	Gesamtpreis für die bestellte Bogenzahl Mk.	Gesamtpreis für die bestellte Bogenzahl Pfg.
Übertrag					
...... Bogen zu 20 Zeichen für Packungen zu 125 Gramm .	20	4	—		
...... „ „ 20 „ „ „ „ 200 „ .	32	6	40		
...... „ „ 20 „ „ „ „ 250 „ .	40	8	—		
...... „ „ 20 „ „ „ „ 500 „ .	80	16	—		
c) über 10 bis 20 Mk. das Kilogramm:					
...... Bogen zu 20 Zeichen für Packungen zu 20 Gramm .	6	1	20		
...... „ „ 20 „ „ „ „ 25 „ .	7½	1	50		
...... „ „ 20 „ „ „ „ 50 „ .	15	3	—		
...... „ „ 20 „ „ „ „ 75 „ .	22½	4	50		
...... „ „ 20 „ „ „ „ 100 „ .	30	6	—		
...... „ „ 20 „ „ „ „ 125 „ .	37½	7	50		
...... „ „ 20 „ „ „ „ 200 „ .	60	12	—		
...... „ „ 20 „ „ „ „ 250 „ .	75	15	—		
...... „ „ 20 „ „ „ „ 500 „ .	150	30	—		

d) über 20 bis 30 Mk. das Kilogramm:					
........Bogen zu 20 Zeichen für Packungen zu 20 Gramm .	$9^3/_5$	1	92		
.... " " 20 " " " " 25 " .	12	2	40		
.... " " 20 " " " " 50 " .	24	4	80		
.... " " 20 " " " " 75 " .	36	7	20		
.... " " 20 " " " " 100 " .	48	9	60		
.... " " 20 " " " " 125 " .	60	12	—		
.... " " 20 " " " " 200 " .	96	19	20		
.... " " 20 " " " " 250 " .	120	24	—		
.... " " 20 " " " " 500 " .	240	48	—		
e) über 30 Mk. das Kilogramm:					
........Bogen zu 20 Zeichen für Packungen zu 20 Gramm .	14	2	80		
.... " " 20 " " " " 25 " .	$17^1/_2$	3	50		
.... " " 20 " " " " 50 " .	35	7	—		
.... " " 20 " " " " 75 " .	$52^1/_2$	10	50		
.... " " 20 " " " " 100 " .	70	14	—		
.... " " 20 " " " " 125 " .	$87^1/_2$	17	50		
.... " " 20 " " " " 200 " .	140	28	—		
Seite . .					

	Preis des einzelnen Steuerzeichens Pfg.	Preis des Bogens zu 20 Zeichen Mk.	Preis des Bogens zu 20 Zeichen Pfg.	Gesamtpreis für die bestellte Bogenzahl Mk.	Gesamtpreis für die bestellte Bogenzahl Pfg.
Übertrag					
...... Bogen zu 20 Zeichen für Packungen zu 250 Gramm .	175	35	—		
...... „ „ 20 „ „ „ „ 500 „ .	350	70	—		
C. **Steuerzeichen für Zigarettenhüllen:**					
...... Bogen zu 20 Zeichen für Packungen zu 50 Stück . .	10	2	—		
...... „ „ 20 „ „ „ „ 60 „ . . .	12	2	40		
...... „ „ 20 „ „ „ „ 100 „ . . .	20	4	—		
...... „ „ 20 „ „ „ „ 200 „ . . .	40	8	—		
Gesamt-Geldbetrag . .					

................, den ....ten .... 19....

(Firma.) ....

(Unterschrift des Bestellers.) ....

Zigarettensteuer-Einnahmebuch Nr. ......

Steuerzeichenbuch Nr. ......

Muster 2.
(Ausf.Best. § 15.)

Haupt ...... amtsbezirk .... Amtsstelle ....

Zigarettensteuer-Einnahmebuch.

.... Viertel des Rechnungsjahrs 19......

Enthält ....Blätter, die mit einer angesiegelten Schnur durchzogen sind.

................., ... ten .... 19........

....

....

Geführt von

....

....

Laufende Nummer	Tag des Verkaufs der Steuerzeichen	Des Käufers		Betrag der Einnahme	Davon sind		Die gestundeten Beträge sind angeschrieben im		Bemerkungen.
		Name	Wohnort	Mark	bar eingezahlt Mark	gestundet Mark	Seite	Nr.	
1	2	3	4	5	6	7	8		9

Muster 3.
(Ausf.Best. § 22.)

Direktivbezirk ....

Zigarettenbegleitschein

Nr. ....

Ausfertigungsamt: .... **Empfangsamt:** ....
Gestellungsfrist: Bis zum (in Worten) ....
Annahmeerklärung des Begleitscheinnehmers: .... übernehme..... diesen Begleitschein mit der Verpflichtung, die innen verzeichneten Waren in unveränderter Gestalt und Menge und unter Erhaltung des angelegten amtlichen Verschlusses innerhalb der Gestellungsfrist dem Empfangsamt unter Vorlegung dieses Begleitscheins zur Ausgangsabfertigung zu stellen, und hafte..... für den auf die Waren entfallenden Steuerbetrag, bis der Ausgang über die Grenze dem Ausfertigungsamte nachgewiesen ist.

...................., den ....ten .... 19....

(Unterschrift des Begleitscheinnehmers.)

...................., den ....ten .... 19....

............................amt.

(Stempelabdruck.)

Erledigungsschein
Nr......... Ziffer.........
(Unterschrift.)

Betriebsbuch, Buchst......., Nr...........

Erledigung des Begleitscheins.

1. Der Begleitschein ist abgegeben am ....
   (Unterschrift.)
2. Der Begleitschein ist eingetragen in das .... unter Nr. ....
   (Unterschrift.)
3. Die Erledigung des Begleitscheins bescheinigt

...................., den ....ten .... 19....

............................amt.

(Stempelabdruck.)

I. Anmeldung.

Laufende Nummer	Der Frachtstücke: Zeichen und Nummer	Der Frachtstücke: Zahl und Art	Der inneren Umschließungen: Zahl	Art	Inhalt im einzelnen: Menge in Stück (bei Zigarettentabak in Kilogramm und Gramm)	Inhalt im einzelnen: Bezeichnung (Zigaretten, Zigarettentabak oder Zigarettenhüllen)	Inhalt der in Sp. 4 aufgeführten inneren Umschließungen im ganzen (Menge)	Sorte[1]) (Kleinverkaufspreis der Sorte im Inland in Mark und Pfennig)	Anträge
1	2	3	4	5	6	7	8	9	10[2])
							Stück		
1	*A M 14*	*1 Kiste*	*200*	*Schachteln*	*25 Stück*	*Zigaretten*	*5000*		*Mit Begleitschein auf Emmerich zur Ausfuhr nach Belgien.*
			50	„	*50* „	„	*2500*	*20* —	
			10	„	*5* „	„	*50*		
			120	„	*10* „	„	*1200*	*25* —	
			50		*20*		*1000*		

		30	„	5 „	„	150	35	—
		10	„	10 „	„	100		
		100	„	5 „	„	500	50	—
		100	„	10 „	„	1000		
						Kilogramm		
		80	Päckchen	50 Gramm	Zigaretten-tabak	4,000	3	60
		20	„	75 „	„	1,500		
		100	„	25 „	„	2,500	24	—
						Stück		
		50	Buch	100 Stück	Zigaretten-blättchen	5000	—	—

Berlin, den 18. Dezember 1907.

Zigarettenfabrik Manoli.

N. N.

[1]) Es genügt, wenn in Spalte 9 der Kleinverkaufspreis angegeben wird, den 1000 Stück der betreffenden Zigarettensorte oder 1 Kilogramm der Tabaksorte bei einem Absatz im Inlande haben würden.

[2]) Siehe Fortsetzung Ziffer 11, 12 usw. S. 116.

II. Befund und Abfertigung.

Der Frachtstücke				Der inneren Umschließungen					Vermerke über Zahl, Art und Lage der angelegten Verschlüsse, amtliche Begleitung usw.
Zeichen und Nummer	Zahl und Art	Rohgewicht kg		Zahl	Art	Inhalt im einzelnen		Inhalt im ganzen (Menge)	
						Menge	Bezeichnung		
11	12	13		14	15	16	17	18	19
				Wie Spalten					
A. M. 14	*1 Kiste*	*47*	*500*	*4*	*5*	*6*	*Zigaretten*	*11500 Stück*	× *verschnürt ein Blei von hier.*
							Zigarettentabak	*8 Kilogramm*	
							Zigarettenblättchen	*5000 Stück*	

Berlin, den 19. Dezember 1907.

N. N.
Oberkontrolleur.

N. N.
Steueraufseher.

Nachweis des Ausganges über die Grenze.*)

A. D..... innen bezeichnete .... wurde... nach Abnahme des unverletzt befundenen Verschlusses:

1. in den Eisenbahn-Güterwagen Nr. .... der .... Eisenbahn verladen und nach Verschließung des Wagens mit .... Kunstschlössern der Serie ..... der Eisenbahnverwaltung zur Vorführung binnen ..... Tagen bei dem .... amt in .... übergeben.

   ...., den .... ten .... 19......

   ....amt.

   (Stempelabdruck.)

2. auf .... des .... verladen und dem Ansagepoften in ....

   unter { Begleitung durch d..... Grenzaufseher .... / amtlichem Verschlusse mittels .... }

   überwiesen.

   ...., den .... ten .... 19......

   ....amt.

   (Stempelabdruck.)

3. unter unseren Augen in das Ausland ausgeführt.

   ...., den .... ten .... 19......

   (Unterschriften.)

---

*) Der Vordruck kann den Bedürfnissen entsprechend geändert werden.

B. D..... oben bezeichnete .... wurde.... nach Abnahme des unverletzt befundenen Verschlusses:

1. d.... Grenzaufseher .... zur Begleitung über die Grenze übergeben.

..............................., den .....ten .... 19.........

.... amt.

(Stempelabdruck.)

2. unter unseren Augen in das Ausland ausgeführt.

..............................., den .....ten .... 19.........

(Unterschriften.)

Muster 4.
(Ausf.Best. § 23.)

Anmeldung

von unversteuerten Zigarettentabaken, Zigarettenhülsen oder Zigarettenblättchen zur Versendung (Abgabe) an inländische Zigarettenfabriken.

(Nichtzutreffendes ist zu durchstreichen.)

Unterzeichneter meldet dem .... amte zu .... hiermit an, daß am ....ten .... 19...., ...mittags .... Uhr

.... kg / Stück Zigarettentabak / Zigarettenhülsen / Zigarettenblättchen unversteuert an die Zigarettenfabrik des .... zu .... abgegeben / versandt werden sollen.

......................, den ....ten .... 19....

(Firma ....

u. Unterschrift) ....

Die Abgabe / Versendung hat stattgefunden.

Hiermit urschriftlich an das ....amt zu .... zur weiteren Veranlassung.

......................, den ....ten .... 19....

....amt.

(Unterschriften.)

Steuerhebebezirk: .... **Muster 5.**
(Ausf.Best. § 35.)

Betriebsbuch A
für Zigaretten
der Zigarettenfabrik des .... zu ....
für das Rechnungsjahr 19......

Enthält..... Blätter, die mit einer angesiegelten Schnur durchzogen sind.

Geführt von ....

............., den ...ten............... 19.....

....

....

Anleitung zum Gebrauche.

1. Das Buch ist in drei Abteilungen zu führen:
   Abteilung 1. Zugang an Zigaretten,[1])
   Abteilung 2. Abgang an versteuerten Zigaretten,[2])
   Abteilung 3. Abgang an unversteuerten Zigaretten.[3])
2. Jede Eintragung in den einzelnen Abteilungen hat unter einer besonderen fortlaufenden Nummer (Spalte 1) und unter Angabe des Tages, an dem die Eintragung gemacht ist, in Spalte 2 zu erfolgen.
3. In den Abteilungen 1 und 2 können die innerhab der bestimmten Zeitabschnitte in Zugang oder in Abgang gekommenen Zigaretten am Schlusse dieser Zeitabschnitte mittels einer Eintragung gebucht werden. Handelt es sich dabei um verschiedene Arten des Zu- oder Abganges, so hat die Buchung durch so viel Eintragungen zu erfolgen, als verschiedene Arten des Zu- oder Abganges in Frage kommen, und ist in Spalte 4 die

[1]) Siehe S. 122. — [2]) Siehe S. 123. — [3]) Siehe S. 124.

Art des Zu- oder Abganges zu bezeichnen, z. B. für Abteilung 1: „in der Fabrik hergestellt" oder „von den Heimarbeitern abgeliefert, Heimarbeitsbuch Nr. 5 bis 10"; für Abteilung 2: „verkauft" oder „an das Engroslager der Fabrik in Leipzig versandt".

4. In Abteilung 3 (Abgang an unversteuerten Zigaretten) ist jeder Abgang sofort und einzeln einzutragen unter Angabe der Art des Abganges und der Nummer des Buches, in dem der weitere Nachweis über den Verbleib der unversteuert entfernten Zigaretten geführt wird, in den Spalten 3 und 4, z. B. „ausgeführt, Begleitschein-Ausfertigungsbuch (Begl. Ausf. B.) Nr. 4" oder „aufgerissen und zur Umarbeitung in den Betrieb zurück, Betriebsbuch D Nr. 8".

5. Am Schlusse des Monats März ist das Betriebsbuch durch Aufrechnung der Spalten 5 bis 11 in allen drei Abteilungen abzuschließen und durch Absetzung der Schlußsummen der Abteilungen 2 und 3 von der Schlußsumme der Abteilung 1 der Bestand zu bilden. Dieser Bestand ist in Abteilung 1 des Betriebsbuchs für das nächste Rechnungsjahr vorzutragen. Das abgeschlossene Buch ist innerhalb 14 Tagen der Steuerhebestelle einzureichen.

6. Bei Bestandaufnahmen innerhalb des Rechnungsjahrs ist das Betriebsbuch zwar in den Spalten 5 bis 11 der drei Abteilungen aufzurechnen, der Bestand aber nicht im Betriebsbuche selbst, sondern in der aufzunehmenden Verhandlung in der unter Ziffer 5 bezeichneten Weise zu berechnen.

Abteilung 1. Zugang an Zigaretten.

Laufende Nummer	Tag der Eintragung	Zeitraum des Zuganges		Art des Zuganges nebst Benennung und Nummer eines etwaigen Vorbuchs	Gesamtzugang an Zigaretten	Davon (Sp. 5) zum Kleinverkaufspreise das Tausend						Bemerkungen
		von	bis			bis zu 15 Mark	über 15 bis 25 Mark	über 25 bis 35 Mark	über 35 bis 50 Mark	über 50 bis 70 Mark	über 70 Mark	
					Stück	Stück	Stück	Stück	Stück	Stück	Stück	
1	2	3		4	5	6	7	8	9	10	11	12

Abteilung 2. Abgang an versteuerten Zigaretten.

Laufende Nummer	Tag der Eintragung	Zeitraum des Abganges		Art des Abganges	Gesamtabgang an versteuerten Zigaretten	Davon (Sp. 5) zum Kleinverkaufspreise						Bemerkungen
		von	bis			bis zu 15 Mark	über 15 bis 25 Mark	über 25 bis 35 Mark	über 35 bis 50 Mark	über 50 bis 70 Mark	über 70 Mark	
						das Tausend						
					Stück	Stück	Stück	Stück	Stück	Stück	Stück	
1	2	3		4	5	6	7	8	9	10	11	12

Abteilung 3. Abgang an unversteuerten Zigaretten.

Laufende Nummer	Tag des Abganges (der Eintragung)	Art des Abganges	Weiterer Nachweis der unversteuert entfernten Zigaretten im Buch	Nr.	Gesamtabgang an unversteuerten Zigaretten Stück	Davon (Sp. 5) zum Kleinverkaufspreise das Tausend: bis zu 15 Mark Stück	über 15 bis 25 Mark Stück	über 25 bis 35 Mark Stück	über 35 bis 50 Mark Stück	über 50 bis 70 Mark Stück	über 70 Mark Stück	Bemerkungen
1	2	3	4		5	6	7	8	9	10	11	12

Steuerhebebezirk: .... **Muster 6.**
(Ausf.Best. § 35.)

Betriebsbuch B
für Zigarettentabak
der ....fabrik des .... zu ....
für das Rechnungsjahr 19......

Enthält..... Blätter, die mit einer angesiegelten Schnur durchzogen sind. Geführt von ....

............, den .... ten .... 19....

....

....

Anleitung zum Gebrauche.

1. Das Buch ist in drei Abteilungen zu führen:
   Abt. 1. Zugang an Zigarettentabak,[1])
   Abt. 2. Abgang an versteuertem Zigarettentabak,[2])
   Abt. 3. Abgang an unversteuertem Zigarettentabak.[3])
2. Jede Eintragung in den einzelnen Abteilungen hat unter einer besonderen fortlaufenden Nummer (Spalte 1) und unter Angabe des Tages, an dem die Eintragung bewirkt ist, in Spalte 2 zu erfolgen.
3. In den Abteilungen 1 und 2 können die innerhalb der bestimmten Zeitabschnitte in Zugang oder Abgang gekommenen Zigarettentabake am Schlusse dieser Zeitabschnitte mittels e i n e r Eintragung gebucht werden. Handelt es sich dabei jedoch um verschiedene Arten des Zu- oder Abganges, so hat die Buchung durch so viele Eintragungen zu erfolgen, als verschiedene Arten des Zu- oder Abganges in Frage kommen, und ist in

---

[1]) Siehe S. 127. — [2]) Siehe S. 128. — [3]) Siehe S. 129.

Spalte 4 die Art des Zu- oder Abganges zu bezeichnen, z. B. für Abteilung 1: „in der Fabrik hergestellt"; für Abteilung 2: „verkauft" oder „an das Engroslager der Fabrik in Leipzig versandt".

4. In Abteilung 3 (Abgang an unversteuertem Zigarettentabak) ist jeder Abgang sofort und einzeln einzutragen unter Angabe der Art des Abganges und der Nummer des Buches, in dem der weitere Nachweis über den Verbleib des unversteuert entfernten Zigarettentabaks geführt wird, in den Spalten 3 und 4, z. B.: „ausgeführt, Begleitschein-Ausfertigungsbuch (Begl. Ausf. B.) Nr. 4" oder „nach Aufreißen der Umschließungen in den Zigarettenbetrieb übernommen, Betriebsbuch D Nr. 9".

5. Feingeschnittener Tabak, der im eigenen Betriebe oder durch Heimarbeiter zur Herstellung von Zigaretten verwendet werden soll, ist nicht im Betriebsbuche B (für Zigarettentabak), sondern im Betriebsbuch D (für Rohtabak) nachzuweisen.

6. Am Schlusse des Monats März ist das Betriebsbuch durch Aufrechnung der Spalten 5 bis 10 in allen drei Abteilungen abzuschließen und durch Absetzung der Schlußsummen der Abteilungen 2 und 3 von der Schlußsumme der Abteilung 1 der Bestand zu berechnen. Dieser Bestand ist in Abteilung 1 des Betriebsbuchs für das nächste Rechnungsjahr vorzutragen. Das abgeschlossene Buch ist innerhalb 14 Tagen der Steuerhebestelle einzureichen.

7. Bei Bestandaufnahmen innerhalb des Rechnungsjahrs ist das Betriebsbuch zwar in den Spalten 5 bis 10 der drei Abteilungen aufzurechnen, der Bestand aber nicht im Betriebsbuche selbst, sondern in der aufzunehmenden Verhandlung in der unter Ziffer 6 bezeichneten Weise zu berechnen.

Abteilung 1. Zugang an Zigarettentabak.

Laufende Nummer	Tag der Eintragung	Zeitraum des Zuganges		Art des Zuganges	Gesamtzugang an Zigarettentabak		Davon (Sp. 5) zum Kleinverkaufspreise										Bemerkungen
							über 3 bis 5 Mark		über 5 bis 10 Mark		über 10 bis 20 Mark		über 20 bis 30 Mark		über 30 Mark		
							das Kilogramm										
		von	bis		kg	g	kg	g	kg	g	kg	g	kg	g	kg	g	
1	2	3		4	5		6		7		8		9		10		11

Abteilung 2. Abgang an versteuertem Zigarettentabak.

Laufende Nummer	Tag der Eintragung	Zeitraum des Abganges		Art des Abganges	Gesamtabgang an versteuertem Zigarettentabak		Davon (Sp. 5) zum Kleinverkaufspreise das Kilogramm										Bemerkungen
							über 8 bis 5 Mark		über 5 bis 10 Mark		über 10 bis 20 Mark		über 20 bis 30 Mark		über 30 Mark		
		von	bis		kg	g	kg	g	kg	g	kg	g	kg	g	kg	g	
1	2	3		4	5		6		7		8		9		10		11

Abteilung 3. Abgang an unversteuertem Zigarettentabak.

Laufende Nummer	Tag des Abganges (der Eintragung)	Art des Abganges	Weiterer Nachweis des unversteuert entfernten Zigarettentabaks		Gesamtabgang an unversteuertem Zigarettentabak		Davon (Sp. 5) zum Kleinverkaufspreise										Bemerkungen
							über 3 bis 5 Mark		über 5 bis 10 Mark		über 10 bis 20 Mark		über 20 bis 30 Mark		über 30 Mark		
							das Kilogramm										
			im Buch	unter Nr.	kg	g	kg	g	kg	g	kg	g	kg	g	kg	g	
1	2	3	4		5		6		7		8		9		10		11

Steuerhebebezirk: .... **Muster 7.**
(Ausf.Best. § 35.)

Betriebsbuch C

für

Zigarettenhüllen (Zigarettenhülsen und Zigarettenblättchen)

der Zigarettenhülsen / Zigarettenpapier-Fabrik des .... zu ....

für das Rechnungsjahr 19.......

Enthält .... Blätter, die mit einer angesiegelten Schnur durchzogen sind.

Geführt von ....

..............., den ....ten............. 19.....

....

....

Anleitung zum Gebrauche.

1. Das Buch ist in drei getrennten Abteilungen zu führen:
   Abteilung 1 (Spalten 1 bis 6): Zigarettenhüllen,[1])
   Abteilung 2 (Spalten 7 bis 12): Abgang an versteuerten Zigarettenhüllen,[2])
   Abteilung 3 (Spalten 13 bis 18): Abgang an unversteuerten Zigarettenhüllen.[3])
2. Die Eintragungen in den einzelnen Abteilungen erfolgen unabhängig von einander; jede Eintragung unter besonderer laufender Nummer (Spalte 1 oder Spalte 7 oder Spalte 13) und unter Angabe des Tages, an dem die Eintragung gemacht worden ist (Spalte 2 oder Spalte 8 oder Spalte 14).

---

[1]) Siehe S. 132. — [2]) Siehe S. 133.
[3]) Siehe S. 132/133.

3. In den Abteilungen 1 und 2 können die innerhalb der bestimmten Zeitabschnitte in Zugang oder Abgang gekommenen Zigarettenhüllen am Schlusse dieser Zeitabschnitte mittels einer Eintragung gebucht werden. Handelt es sich dabei jedoch um verschiedene Arten des Zuganges oder Abganges, so hat die Buchung durch so viele Eintragungen zu erfolgen, als verschiedene Arten des Zuganges oder Abganges in Frage kommen, und ist in den Spalten 4 oder 9 die Art des Zuganges oder Abganges zu bezeichnen, z. B. für Abteilung 1: „in der Fabrik hergestellt" oder „von den Heimarbeitern abgeliefert, Heimarbeitsbuch Nr. 6 bis 10", für Abteilung 2: „verkauft" oder „an das Fabriklager in Leipzig versandt".
4. In Abteilung 3 (Spalten 13 bis 18) ist jeder Abgang an unversteuerten Zigarettenhüllen sofort und einzeln einzutragen, unter Angabe der Art des Abganges und Bezeichnung des weiteren Nachweises über den Verbleib der entfernten Zigaretten, z. B.: „ausgeführt (Spalte 15), Begl. Ausf. B. [Begleitschein-Ausfertigungsbuch] Nr. 5 (Spalte 16)", oder: „an die Zigarettenfabrik Manoli in Berlin abgegeben (Spalte 15), Anmeldung vom 10./11. 06 (Spalte 16)".
5. Am Schlusse des Monats März ist das Betriebsbuch durch Aufrechnen der Spalten 5, 6, 11, 12, 17 und 18 abzuschließen und durch Absetzung der Schlußsummen der Spalten 11, 12 und 17, 18 von der Schlußsumme der Spalten 5, 6 der Bestand zu berechnen. Dieser Bestand ist in das Betriebsbuch für das nächste Rechnungsjahr vorzutragen. Das abgeschlossene Buch ist innerhalb 14 Tagen der Steuerhebestelle einzureichen.
6. Bei Bestandsaufnahmen innerhalb des Rechnungsjahrs ist das Betriebsbuch zwar in den Spalten 5, 6, 11, 12, 17 und 18 aufzurechnen, der Bestand aber nicht im Betriebsbuche selbst, sondern in der aufzunehmenden Verhandlung in der unter Ziffer 5 bezeichneten Weise zu berechnen.

Abteilung 1. Zugang.

Lfde. Nummer	Tag der Eintragung	Zeitraum des Zuganges von	bis	Art des Zuganges an Zigaretten-hüllen	Menge des Zuganges an Zigaretten-hülsen Stück	Zigaretten-blättchen Stück
1	2	3		4	5	6

Abteilung 3. Abgang an

Laufende Nummer	Tag der Eintragung (des Abganges)	Art des Abganges	Weiterer Nachweis der unversteuert entfernten Zigarettenhüllen Bezeichnung (Buch)	Nr.
13	14	15	16	

Abteilung 2. Abgang an versteuerten Zigarettenhüllen.

Lfde. Nummer	Tag der Eintragung	Zeitraum des Abganges		Art des Abganges an versteuerten Zigarettenhüllen	Menge des Abganges an versteuerten,	
		von	bis		Zigarettenhülsen Stück	Zigarettenblättchen Stück
7	8	9		10	11	12

unversteuerten Zigarettenhüllen.

Menge des Abganges an unversteuerten		Bemerkungen
Zigarettenhülsen Stück	Zigarettenblättchen Stück	
17	18	19

Steuerhebebezirk: .... **Muster 8.**
(Ausf.Best. § 36.)

Betriebsbuch D

für

bezogenen und verarbeiteten usw. Tabak der ....-
fabrik des .... zu ....

für das Rechnungsjahr 19......

Enthält ..... Blätter, die mit einer angesiegelten Schnur durchzogen sind.

............, den ...ten .... 19.....

....

....

Geführt von ....

Anleitung zum Gebrauche.

1. Jede in die Fabrik aufgenommene Menge Rohtabak, geschnittener Tabak oder Ersatzstoffe ist sofort bei der Aufnahme unter einer besonderen Nummer (Spalte 1) in die Spalten 2 bis 8 unter Beachtung der Überschriften einzutragen. Ist von einer Fabrik Rohtabak angekauft worden, der nicht sofort in die Fabrik übernommen, sondern zunächst unter Zollverschluß gelagert wird, so ist dieser Tabak erst dann in das Betriebsbuch einzutragen, wenn er aus dem Zollgewahrsam in die Fabrik übernommen wird. In Spalte 3 und 4 ist in diesem Falle das Amt einzutragen, unter dessen Verschluß der Tabak zuletzt gelagert hat.
2. Wird Tabak oder werden Ersatzstoffe unverarbeitet aus dem Fabrikbetriebe wieder entfernt (verkauft, an den Lieferer zurückgesandt usw.), so ist die betreffende Menge sofort unter Ausfüllung der Spalten 9, 10, 12, 13, 14, 15, 16 und 17 in Abgang zu stellen.

In gleicher Weise ist zu verfahren, wenn Tabak oder Tabakabfall vernichtet wird. In letzterem Falle ist in den Spalten 12 und 13 das Erforderliche zu vermerken.

3. Die in der Fabrik verarbeiteten Mengen können am Schlusse bestimmter Zeitabschnitte, die eine Woche nicht übersteigen dürfen und mit den für An- und Abschreibung der fertigen Erzeugnisse (Betriebsbücher A und B) gewählten übereinstimmen müssen, zusammen mittels einer Eintragung in Abgang gestellt werden. Hierbei ist der Zeitraum, in dem die Verarbeitung stattgefunden hat, in Spalte 11 einzutragen und in Spalte 18 auf die Nummer des Betriebsbuchs A oder B, in dem die hergestellten Erzeugnisse (Zigaretten oder Zigarettentabak) in Zugang gestellt sind, zu verweisen.

4. Am Schlusse des Monats März ist das Betriebsbuch durch Aufrechnung der Spalten 5, 6, 7, 8 und 14, 15, 16, 17 abzuschließen und durch Absetzung der Schlußsumme der Spalten 14, 15, 16, 17 von der Schlußsumme der Spalten 5, 6, 7, 8 der Bestand zu berechnen. Dieser Bestand ist in dem Betriebsbuche für das folgende Rechnungsjahr vorzutragen. Das abgeschossene Betriebsbuch ist innerhalb 14 Tagen der Steuerhebestelle einzureichen.

Zugang

Laufende Nummer	Tag der Eintragung (des Zuganges)	Von wem empfangen		Rohtabake		Geschnittene Tabake	Ersatzstoffe
		Firma, Name und Stand	Ort	ausländische kg	deutsche kg	kg	kg
1	2	8	4	5	6	7	8

Abgang											
Laufende Nummer	Tag der Eintragung	Zeitraum des Abganges		Art des Abganges, an wen abgegeben		Rohtabake		Geschnittene Tabake und Abfall	Ersatzstoffe	Weiterer Nachweis der aus den Rohstoffen (Sp. 14 bis 17) hergestellten Erzeugnisse	
		von	bis	Firma, Name und Stand	Ort	ausländische kg	deutsche kg	kg	kg	Betriebsbuch Buchstabe	Nr.
9	10	11		12	13	14	15	16	17	18	

Steuerhebestelle: .... **Muster 9.**
(Ausf.Best. § 36.)

Betriebsbuch E
für Zigarettenpapier

der ....fabrik des .... zu ....

für das Rechnungsjahr 19.......

Das Buch enthält ..... Blätter, die mit einer angesiegelten Schnur durchzogen sind.

............., den ....ten............. 19.....

....

....

Geführt von ....

Anleitung zum Gebrauche.

1. Jeder Zugang an Zigarettenpapier ist sofort in den Spalten 1 bis 5 unter einer besonderen Nummer und unter Beachtung der Überschriften der Spalten anzuschreiben.
2. Jeder Abgang von unverarbeitetem Papier ist sofort in den Spalten 6, 7 und 9 abzuschreiben. Dabei ist in Spalte 10 anzugeben, an wen das unverarbeitete Papier verkauft oder zurückgesandt worden ist, oder in welch anderer Weise der Abgang an unverarbeitetem Papier stattgefunden hat.
3. Die zu Zigarettenhüllen verarbeiteten Papiermengen können am Schlusse bestimmter Zeitabschnitte, die jedoch eine Woche nicht überschreiten dürfen und mit den für An- und Abschreibung der fertigen Zigarettenhüllen im Betriebsbuche C gewählten übereinstimmen müssen, zusammen mittels einer Eintragung in Ab-

gang gestellt werden. Hierbei ist der Zeitraum, in dem die Verarbeitung stattgefunden hat, in Spalte 8 einzutragen und in Spalte 11 anzugeben, unter welcher Nummer des Betriebsbuchs C die fertigen Erzeugnisse in Zugung gestellt sind.

4. Am Schlusse des Monats März ist das Betriebsbuch durch Aufrechnen der Spalten 5 und 9 abzuschließen und durch Absetzung der Schlußsumme der Spalte 9 von der Schlußsumme der Spalte 5 der Bestand zu bilden. Dieser Bestand ist im Betriebsbuche für das folgende Rechnungsjahr vorzutragen. Das abgeschlossene Buch ist innerhalb 14 Tagen der Steuerhebestelle einzureichen.

Zugang						Abgang							
Laufende Nummer	Tag der Eintragung (des Zuganges)	Das Papier ist bezogen von		Menge des in Zugang gekommenen Zigarettenpapiers		Laufende Nummer	Tag der Eintragung	Zeitraum des Abganges		Menge des Abganges		Bezeichnung der Firma, an die das Papier unverarbeitet zurückgegeben oder verkauft worden ist	Nummer des Betriebsbuchs C, unter der die aus der verarbeiteten Papiermenge hergestellten Zigarettenhüllen weiter nachgewiesen sind
		Firma, Name und Stand	Ort	kg	g			von	bis	kg	g		
1	2	3	4	5		6	7	8		9		10	11

Direktivbezirk: .... **Muster 10.**
Hauptamtsbezirk: .... (Ausf.Best. § 50.)

Rechnungsjahr 19......

Herstellung und Absatz sowie Einfuhr von Erzeugnissen, die der Zigarettensteuer unterliegen.

Anleitung zum Gebrauche.

1. Die von den Hauptämtern vorzulegende Nachweisung hat den ganzen Hauptamtsbezirk, die von den Direktivbehörden bis zum 1. Juni einzusendende Nachweisung den ganzen Direktivbezirk zu umfassen.
2. Die Angaben über Herstellung und Absatz der inländischen Fabriken sind den Betriebsbüchern A, B, C zu entnehmen. Zigarettentabak und Zigarettenhüllen, die in Zigarettenfabriken hergestellt werden und lediglich im eigenen Betrieb oder durch die Heimarbeiter der Fabrik auf Zigaretten weiter verarbeitet worden sind, sind in die Nachweisung nicht aufzunehmen.
3. Insoweit die Angaben über die aus dem Zollausland eingeführten und versteuerten Zigaretten, Zigarettentabake und Zigarettenhüllen nicht mit genügender Sicherheit aus dem Steuerzeichenbuche (§ 10 Abs. 3) entnommen werden können, haben die Zollstellen Anschreibungen über die eingeführten Mengen nach Maßgabe der Spalten 6 bis 18 dieser Nachweisung zu führen.

Zahl der Fabriken, die				Erzeugnisse
nur Zigaretten herstellen	Zigaretten und Zigarettentabak herstellen	nur Zigarettentabak herstellen	nur Zigarettenhüllen herstellen	
1	2	3	4	5
				Bestand am Anfange des Rechnungsjahrs ....
Hiervon arbeiten: a) ohne Gehifen				Hergestellt (einschl. der Erzeugung der Heimarbeiter für die Fabrik)
b) mit weniger als 5 Gehilfen				zusammen ....
c) mit mehr als 5 Gehilfen				Aus den Fabriken entfernt:
				versteuert ....
d) mit reiner Maschinenarbeit				
				unversteuert .....
e) mit Maschinen- und Handarbeit				
				zusammen Abgang ...
f) mit reiner Handarbeit				Bleibt Bestand am Schlusse des Rechnungsjahrs ......
g) mit Heimarbeit				

Außerdem

aus dem Zollauslande eingeführt und versteuert ....

Zigaretten					
im Kleinverkaufspreise					
bis zu 15 Mark	über 15 bis 25 Mark	über 25 bis 35 Mark	über 35 bis 50 Mark	über 50 bis 70 Mark	über 70 Mark
das Tausend					
Tausend	Tausend	Tausend	Tausend	Tausend	Tausend
6	7	8	9	10	11

Zigarettentabak									
im Kleinverkaufspreise									
über 3 bis 5 Mark		über 5 bis 10 Mark		über 10 bis 20 Mark		über 20 bis 30 Mark		über 30 Mark	
das Kilogramm									
kg	g	kg	g	kg	g	kg	g	kg	g
12		13		14		15		16	

Zigarettenhüllen		Bemerkungen
Zigaretten-hülsen Tausend	Zigaretten-blättchen Tausend	
17	18	19

Direktivbezirk: .... **Muster 11.**
Hauptamtsbezirk: .... (Ausf.Best. § 50.)

Nachweisung

der

im Rechnungsjahr 19......

verkauften Steuerzeichen der Zigarettensteuer.

Anleitung.

1. Zu den von den Hauptämtern am Schlusse des Rechnungsjahrs an die Direktivbehörden und von den Direktivbehörden bis zum 1. Juni an das Kaiserliche Statistische Amt einzureichenden „Nachweisungen der im Rechnungsjahre verkauften Steuerzeichen" sind die für die Bestellzettel vorgeschriebenen Vordrucke (Muster 1) nach Abänderung der Überschrift zu verwenden.
2. Die von den Hauptämtern vorzulegenden Nachweisungen haben sich auf den ganzen Hauptamtsbezirk, die von den Direktivbehörden vorzulegenden Nachweisungen auf den ganzen Direktivbezirk zu beziehen.
3. Es genügt die Angabe der Anzahl der von den einzelnen Steuerzeichen im Laufe des Rechnungsjahrs verkauften Bogen zu je 20 Zeichen. Einer Ausfüllung der letzten Spalte (Gesamtpreis für die bestellte — verkaufte — Bogenzahl) bedarf es nicht.
4. Die Angaben sind den Steuerzeichenbüchern (§ 10 Abs. 3 der Zigarettensteuer-Ausführungsbestimmungen) zu entnehmen.

Abschnitt III.

Erlasse des preußischen Finanzministers.

I. Allgemeine Verfügung

des Finanzministers betreffend die Ausführung des Zigarettensteuergesetzes.

(ZBl. der Abgabengesetzgebung S. 275.)

Der Finanzminister.

J.-Nr. III 9615.

Berlin C2, den 18. Juni 1906.

Nachdem der Bundesrat in seiner Sitzung vom 16. d. Mts. die Ausführungsbestimmungen zum Zigarettensteuergesetze vom 3. d. Mts. beschlossen hat, werden die von Ew. Hochwohlgeboren infolge meiner Rundverfügung vom 26. v. Mts — III 8200 — verschriebenen Abdrucke der Handausgabe des Zigarettensteuergesetzes und der Ausführungsbestimmungen hierzu Ihnen und den Hauptämtern Ihres Verwaltungsbezirks von dem Hauptstempelmagazin sofort nach Lieferung durch die Reichsdruckerei zugesandt werden.

Im Anschluß an die Ausführungsbestimmungen wird nachstehendes angeordnet.

Zu § 9.

Die Kosten der von den Hauptzoll- und Hauptsteuerämtern aus der Reichsdruckerei bezogenen Zigarettensteuerzeichen werden vierteljährlich auf Grund der mit den quittierten Bestellzetteln belegten Rechnungen der Druckerei von dem Hauptstempelmagazin gezahlt und in Ausgabe verrechnet. Das Hauptstempelmagazin hat die von den Amtsstellen bezogenen Steuerzeichen in seinen Büchern in Einnahme und Ausgabe nachzuweisen und wird die ihm von der Reichsdruckerei zugestellten quittierten Bestellzettel vierteljährlich nach Berichtigung der Herstellungskosten den zuständigen Direktivbehörden behufs Anschreibung des Zugangs an Steuerzeichen für die einzelnen Hauptämter in dem für den Provinzialbezirk zu führenden Kontrollebuche übersenden. Diese Quittungen sind an das Hauptstempelmagazin so schnell als möglich zurückzusenden.

Die Hauptämter haben die bei ihnen mit den verschriebenen Steuerzeichen eingehenden Bestellzettel nach Rechtbefund mit Quittung zu versehen und binnen acht Tagen nach Empfang der Sendung an die Reichsdruckerei einzusenden.

Über Menge und Art solcher Steuerzeichen, für die in einem Provinzialbezirke keine Verwendung mehr besteht, ist zunächst zum 15. Oktober d. Js. und dann bis auf weiteres vierteljährlich bis zum 15. Tage des ersten Vierteljahrsmonats von den Direktivbehörden dem Hauptstempelmagazin Mitteilung zu machen, das für derartige Zeichen noch aufnahmefähige Direktivbezirke den in Betracht kommenden Provinzialsteuerbehörden namhaft machen wird. Diese haben sich mit den anderen Provinzialsteuerbehörden wegen Bezeichnung der Amtsstellen, an die die Steuerzeichen abgegeben werden können, in Verbindung zu setzen. Auf diese Weise nicht anderweit unterzubringende, und verwendbare, unbeschädigte Steuerzeichen sind dem Hauptstempelmagazin behufs Rückgabe an die Reichsdruckerei einzusenden. Dasselbe erteilt darüber Empfangsbescheinigung.

Zu § 10.

Das Steuerzeichenbuch über Einnahme und Ausgabe von Zigarettensteuerzeichen ist von den Amtsstellen nach dem hier entworfenen Muster zu führen. Die Lieferung der Vordrucke hierzu erfolgt — ebenso wie zu den Mustern 1 bis 9 der Ausführungsbestimmungen — durch das Hauptstempelmagazin.

Für die auf Grund dieses Buches zu fertigenden Zigarettensteuerzeichenabschlüsse ist dasselbe Muster zu verwenden, das zu diesem Zwecke mit einer Geldspalte versehen worden ist. Zur Erleichterung der Aufrechnung wird es sich empfehlen, die Geldbeträge für die verkauften Steuerzeichen unterhalb der im Abschlusse angegebenen summarischen Mengen der einzelnen Sorten quer eintragen zu lassen. In den vierteljährlich von den Hauptämtern aufzustellenden Steuerzeichenabschlüssen ist alsdann der Summe des Geldbetrages für den Verkauf der Betrag der Nacherhebungen ohne Verwendung von Steuerzeichen (Defekte) zuzusetzen und davon der Betrag der Erstattungen und sonstigen Herauszahlungen abzusetzen, sowie unter der verbleibenden Summe anzugeben, welcher Betrag davon gestundet oder sonst rückständig geblieben ist. Einer Vergleichung der Einnahme mit derjenigen im gleichen Zeitabschnitt des Vorjahrs, wie sie in dem Vordrucke für die Stempelmaterialien und Schaumweinsteuerzeichenabschlüsse verlangt wird, bedarf es nicht.

Im übrigen haben für die Buchführung über die Einnahme und Ausgabe an Zigarettensteuerzeichen, ihre Verschreibung bei der Reichsdruckerei, Aufbewahrung und Überwachung, für die Aufstellung und Bescheinigung der Abschlüsse nach dem Steuerzeichenbuche, die jährliche Anerkennung der für die Vertriebsstellen des Provinzialbezirks aus der Reichsdruckerei gelieferten Gesamtmengen dem Hauptstempelmagazin gegenüber, sowie für die Bekundung der Übereinstimmung der Einnahme mit den geprüften Steuerzeichenabschlüssen in der Rechnungsabnahmebescheinigung und in den Registerprüfungsausweisen die für die preußischen und Reichsstempelmaterialien erlassenen Vorschriften entsprechende Anwendung zu finden. Es sind jedoch bei den Kassenprüfungen, auch den außerordentlichen, besondere Abschlüsse aus dem Steuerzeichenbuche nicht zu fertigen. Vielmehr sind dabei nur einige Sorten von Zeichen nach dem für diesen Zweck in allen Abteilungen mit Bleistift aufzurechnenden Steuerzeichenbuche probeweise durchzuzählen. Eine genaue Durchzählung sämtlicher Bestände hat, soweit nicht besonderer Anlaß dazu gegeben ist, nur am Jahresschlusse unter entsprechender Bescheinigung der gefertigten Abschlüsse stattzufinden.

Mit dieser vollständigen Durchzählung kann der Kassenkurator auch einen anderen, bei der Buchführung über die Zigarettensteuerzeichen nicht beteiligten geeigneten Beamten des Hauptamtes unter dessen voller Verantwortlichkeit für diese Prüfung beauftragen.

Zu § 16.

Für die Sicherstellung gestundeter Zigarettensteuer kommen die für die übrigen indirekten Abgaben bestehenden allgemeinen Vorschriften in gleichmäßige Anwendung. Ebenso hat die Einziehung gestundeter Beträge vor Ablauf der Stundungsfrist unter den für die anderen indirekten Abgaben hierfür maßgebenden Voraussetzungen zu erfolgen.

Zuverlässige und als hinreichend sicher bekannte Zahlungspflichtige können von den Hauptzoll- und Hauptsteuerämtern für Stundungen der Zigarettensteuer auf drei Monate von der Sicherheitsbestellung entbunden werden.

Zu § 20.

Die im dritten Absatze erwähnte Nachweisung über den Verkauf von Steuerzeichen entspricht der als Muster 6 zu den Schaumweinsteuerausführungsbestimmungen angefügten Verkaufsnachweisung und wird den Behörden vom Reichsschatzamt mit den Vordrucken für die Einnahmeübersichten über die Zigarettensteuer zugestellt werden.

Zu § 22.

Die Befugnis zur Ausfertigung von Zigarettenbegleitscheinen wird hierdurch allen Amtsstellen erteilt, in deren Hebebezirk sich Betriebe befinden, die zigarettensteuerpflichtige Waren herstellen. Ein Verzeichnis dieser Amtsstellen wollen Sie unter Benutzung des anliegenden Musters in doppelter Ausfertigung einreichen, zutreffenden Falles aber Fehlanzeige erstatten. Zur Erledigung von Zigarettenbegleitscheinen werden hierdurch alle an der Grenze gelegenen Hauptzollämter, Zollabfertigungsstellen und Nebenzollämter I sowie alle Amtsstellen ermächtigt, mit denen eine allgemeine öffentliche Niederlage verbunden ist. Sollte sich das Bedürfnis herausstellen, auch noch anderen Amtsstellen diese Befugnis beizulegen, so wollen Sie dies beantragen.

Die Zigarettenbegleitscheine sind in der Regel in die bei den Amtsstellen über die Ausfertigung und den Empfang von Zollbegleitscheinen geführten Bücher einzutragen. In den Erledigungsscheinen ist der in der Zollbegleitscheinordnung vorgeschriebene Vordruck mitzubenutzen. Es bleibt Ihnen jedoch überlassen, zu bestimmen, ob bei einzelnen Amtsstellen über die Ausfertigung und den Empfang der Zigarettenbegleitscheine besondere Bücher zu führen sind. Auch in diesem Falle bleibt der für die Zollbegleitscheine vorgeschriebene entsprechende Vordruck zu verwenden.

Zu § 32.

Die für die Hinterlegung von Proben der einzelnen Packungen von Waren zu zahlenden Entschädigungen sind aus dem Bureaubedürfnisfonds der beteiligten Bezirkshauptämter zu bestreiten.

Zu § 39.

Über die erforderliche Zahl und über die Ausführung der steuerlichen Prüfungen, die in den Betrieben und den Verkaufsstellen vorzunehmen sind, wollen Sie sich bis zum 1. Januar k. J. gutachtlich äußern. Bis zu der alsdann von hier aus zu treffenden Entscheidung bleibt es Ihnen überlassen, das für den dortigen Verwaltungsbezirk Erforderliche selbständig anzuordnen.

Zu § 43.

Die Kosten des von den Steuerbehörden zu liefernden gedruckten Aushanges für die Verkaufsstätten sind auf den den Provinzialsteuerbehörden zur Verfügung gestellten Fonds für Druckformulare usw. zu übernehmen.

Zu § 46.

Die Einnahme an Zigarettensteuer ist in den Verwaltungsabschlüssen und Manualen, soweit tunlich, hinter der Tabaksteuer, sonst in einer der bei der Einnahmeabteilung für die Reichssteuern vorhandenen leeren Spalten oder Linien nachzuweisen.

Im Auftrage
gez. Köhler.

An den

Herrn Provinzialsteuerdirektor

in ....

Direktivbezirk: ....

Verzeichnis
der
zur Ausfertigung von Zigarettenbegleitscheinen befugten Amtsstellen.

Der Amtsstellen			Bemerkungen
Sitz	Dienstbezeichnung	Bezirkslage (Hauptamt)	
1	2	3	4

II. Bedingungen

unter denen Großhändlern mit zigarettensteuerpflichtigen Waren die Vergünstigung gewährt werden darf, die Steuerzeichen an den Packungen derartiger, zur Einfuhr in das Inland bestimmter Waren bereits am ausländischen Herstellungsorte anbringen zu lassen.

(Vgl. § 29 Abs. 4 der Ausführungsbestimmungen zum Zigarettensteuergesetz.)

1. Der Großhändler darf seinen Bedarf an Zigarettensteuerzeichen, die im Auslande entwertet werden sollen, nur bei einer und derselben Amtsstelle und nur mit besonderem Bestellzettel beziehen, auf dem ausdrücklich vermerkt sein muß, daß die Entwertung der Steuerzeichen im Auslande erfolgen soll.

2. Nur so bezogene Steuerzeichen darf er behufs Entwertung in das Ausland senden und nur mit solchen Steuerzeichen versehene Packungen von zigarettensteuerpflichtigen Waren einführen. Alle behufs Entwertung im Auslande bezogenen Steuerzeichen dürfen nur für diesen Zweck verwendet werden.

3. Außer den ihm bei der Einfuhr von zigarettensteuerpflichtigen Waren sonst obliegenden Verpflichtungen hat der Großhändler die Gesamtzahl der Packungen und den Gesamtsteuerwert der dazu im Auslande verwendeten Steuerzeichen auf dem Zollpapier genau anzumelden.

4. Die Einfuhr hat in der Regel bei derselben Amtsstelle zu erfolgen, bei der die Steuerzeichen entnommen

sind. Ausnahmen hiervon können zugelassen werden; indessen ist alsdann Anordnung zu treffen, daß die Amtsstelle (Ziffer 1) über die bei der Einfuhrstelle festgestellte Gesamtzahl der eingeführten Packungen und der dazu verwendeten Steuerzeichen sowie deren Gesamtsteuerwert jedesmal Nachricht erhält.

5. Für jeden Großhändler werden bei der Amtsstelle (Ziffer 1) An- und Abschreibungen geführt über die Gesamtzahl und den Gesamtsteuerwert der behufs Entwertung im Auslande bezogenen Steuerzeichen sowie der eingeführten mit solchen Steuerzeichen versehenen Warenpackungen. Die An- und Abschreibungen sind vierteljährlich abzuschließen. Den Abschluß hat der Großhändler durch Namensunterschrift als richtig anzuerkennen.

6. Ergibt sich hierbei, daß im Auslande mit Zigarettensteuerzeichen versehene Packungen in größerer Anzahl oder von höherem Gesamtsteuerwert eingeführt sind, als nach den Anschreibungen Steuerzeichen überhaupt bezogen sind, so hat der Großhändler eine Vertragsstrafe von 1000 Mk. verwirkt, sofern nicht etwa wegen Zigarettensteuerdefraudation eine höhere Strafe gegen ihn festzusetzen ist.

7. Die Gewährung der Vergünstigung geschieht widerruflich.

Berlin, den 16. August 1906.

Der Finanzminister.
J. A.: (gez.) Rathjen.

Sachregister.

(Die Zahlen verweisen auf die Seiten des Buches.)

A.

B.

Herrosé & Ziemsen, G. m. b. H., Wittenberg.

Verzeichnis

der

Guttentag'schen Sammlung Deutscher Reichs- und Preussischer Gesetze

Text-Ausgaben

mit Anmerkungen u. Sachregister

Guttentag'sche Sammlung

Deutscher Reichsgesetze.

Text-Ausgaben mit Anmerkungen. Taschenformat.

1. **Verfassung** des Deutschen Reichs. Gegeben Berlin, den 16. April 1871. Von Dr. **L. von Rönne.** Neunte Auflage von Landrath **Paul von Rönne.** 2 M. 40 Pf.

2. **Strafgesetzbuch** für das Deutsche Reich. Nebst den gebräuchlichsten Reichs-Strafgesetzen: Presse, Entziehung elektrischer Arbeit, Kranken-, Unfall-, Invalidenversicherung, Gewerbeordnung, unlauterer Wettbewerb, Depot- und Börsengesetz, gewerbliche Kinderarbeit u. s. w. Von Dr. **H. Rüdorff.** Einundzwanzigste Auflage von Dr. **H. Appelius,** Kammergerichtsrath. 1 M. 20 Pf.

3. **Militärstrafgerichtsordnung** nebst Einführungsgesetz und Gesetz, betreffend die Dienstvergehen der richterlichen Militärjustizbeamten und die unfreiwillige Versetzung derselben in eine andere Stelle oder in den Ruhestand. Bearbeitet von Dr. **Paul Herz,** Senatspräsident am Reichsmilitärgericht. Dritte Auflage. 4 M.

   Militär-Strafgesetzbuch s. RG. Nr. 67.

4. **Handelsgesetzbuch vom 10. Mai 1897** unter Ausschluß des Seerechts. Mit den ergänzenden Vorschriften des Bürgerlichen Gesetzbuchs und Erläuterungen herausgegeben von **F. Litthauer,** Justizrath. Dreizehnte Auflage herausgegeben von Geh. Justizrat Prof. Dr. **A. Mosse,** Oberlandesgerichtsrath. 3 M.

5. Allgemeine Deutsche **Wechselordnung.** Neunte Auflage von Justizrath Dr. **J. Stranz** und Rechtsanwalt Dr. **M. Stranz,** und das Reichsgesetz über die **Wechselstempelsteuer.** Von Regierungsrath **P. Loeck.** Achte Auflage. 3 M.

6. **Gewerbeordnung** für das Deutsche Reich nebst allen Ausführungsbestimmungen. Ursprünglich herausgegeben von **T. Ph. Berger** und Dr. **L. Wilhelmi.** Sechszehnte Auflage bearbeitet von Oberverwaltungsgerichtsrath **H. Spangenberg.** 3 M.

7. Die deutsche **Post- und Telegraphen-Gesetzgebung.** Nebst dem Weltpostvertrag und dem internationalen Telegraphenvertrag. Von Wirkl. Geh. Rath Dr. **Fischer.** Fünfte Auflage bearbeitet von Geh. Postrath Dr. **M. König.** 3 M.

8. Die Reichsgesetze über den **Unterstützungswohnsitz** in der Fassung der Novelle vom 12. März 1894, **die Freizügigkeit, den Erwerb und Verlust der Bundes- und Staatsangehörigkeit,** nebst allen landesgesetzlichen Bestimmungen. Von Geheimrath Dr. **J. Krech,** Mitglied des Bundesamtes für das Heimathwesen. Fünfte Auflage. 2 M. 70 Pf.

9a. Sammlung **kleinerer privatrechtlicher Reichsgesetze.** Von **F. Vierhaus.** Zweite Auflage in Vorbereitung.

9. Sammlung **kleinerer strafrechtlicher Reichsgesetze.** Mit den Entscheidungen des Reichsgerichts bearbeitet von **M. Werner,** Geh. Ober-Regierungsrath. Zweite Auflage. 3 M.

Inhalt: Inhaberpapiere — Presse — Personenstand — Urheberrechtsgesetzgebung — Rinderpest — Nahrungs- und Genußmittel — Sprengstoff — Feingehalt von Gold- und Silberwaaren — Patentgesetz — Handfeuerwaffen — Gebrauchsmusterschutz — Militärische Geheimnisse — Waarenbezeichnung — unlauterer Wettbewerb — Auswanderung — Margarine — Wein — Sklavenraub — Fleischbeschau — Reichsseuchengesetz — Süßstoff — Reichskassenscheine.

10. Das **Reichsbeamtengesetz** vom 31. März 1873 und seine Ergänzungen. Erläutert von **J. Pieper,** Geh. Ober-Regierungsrath. Zweite Auflage. 4 M. 50 Pf.

11 **Zivilprozeßordnung mit Gerichtsverfassungsgesetz** in den neuesten Fassungen. Unter besonderer Berücksichtigung der Entscheidungen des Reichsgerichts herausgegeben mit Anmerkungen zunächst von **R. Sydow,** Unterstaatssekretär, weiter bearbeitet von **L. Busch,** Kammergerichtsrath. Zehnte Auflage. 8° 6 M.

Dieser Band ist in größerem Format erschienen!

12. **Strafprozeßordnung und Gerichtsverfassungsgesetz** nebst dem Gesetz, betreffend die Entschädigung der im Wiederaufnahmeverfahren freigesprochenen Personen. Von Dr. **A. Hellweg,** Reichsgerichtsrath. Dreizehnte Auflage. 2 M.

13. **Konkursordnung und Anfechtungsgesetz.** Unter besonderer Berücksichtigung der Entscheidungen des

Reichsgerichts herausgegeben mit Anmerkungen von **R. Sydow** u. **L. Busch.** Neunte Auflage. 2 M. 25 Pf.

14. **Gerichtsverfassungsgesetz** mit Einführungsgesetz. Herausgegeben von **R. Sydow** und **L. Busch.** Neunte Auflage. 1 M. 50 Pf.

15. Das **Deutsche Gerichtskostengesetz** nebst den Gebührenordnungen für Gerichtsvollzieher, Zeugen und Sachverständige. Herausgegeben mit Anmerkungen und Kostentabellen von **R. Sydow** u. **L. Busch.** Siebente Auflage. 1 M. 80 Pf.

16. **Rechtsanwaltsordnung.** Von **R. Sydow.** Vierte Auflage von Dr. **E. Mosler.** 1 M. 20 Pf.

17. Die **Deutsche Gebührenordnung für Rechtsanwälte und das Preußische Gebührengesetz** vom 27. September/6. Oktober 1899. Von **R. Sydow** und **L. Busch.** Siebente Auflage. 1 M. 60 Pf.

18. **Reichsstempelgesetz (Börsensteuer, Frachturkunde, Kraftfahrzeuge, Personenfahrkarte, Tantieme für Aufsichtsratsmitglieder).** In der Fassung des Gesetzes vom 3. Juni 1906. Nebst Ausführungsbestimmungen, den Entscheidungen der höchsten Verwaltungsbehörden und des Reichsgerichts. Neunte Auflage von **P. Loeck,** Regierungsrath. 4 M. 50 Pf.

Dieser Band ist in größerem Format erschienen!

19. Die **Seegesetzgebung.** Von Dr. **W. E. Knitschky.** Dritte Auflage bearbeitet von Oberlandesgerichtsrath **Otto Rudorff** in Hamburg. 4 M. 50 Pf.

20. **Krankenversicherungsgesetz.** Von weil. Dr. **E. von Woedtke,** Direktor im Reichsamte des Innern. Elfte Auflage bearbeitet von Dr. **G. Eucken-Addenhausen,** Geh. Reg.-Rath und vortr. Rat im Reichsamte des Innern. 3 M.

21. Die **Konsulargesetzgebung.** Von Professor Dr. **Ph. Zorn.** Zweite Auflage. 3 M.

22a. **Patentgesetz.** Nebst Ausführungsbestimmungen, völkerrechtlichen Verträgen und der Patentanwalts-Ordnung unter eingehender Berücksichtigung der Rechtsprechung des Reichsgerichts und der Praxis des Patentamts. Erläutert von Prof. Dr. **R. Stephan,** Geh. Reg.-Rath, Mitglied des Kaiserlichen Patentamts. Sechste Auflage. 2 M.

22b. Gesetz zum Schutz **der Waarenbezeichnungen.** Nebst Ausführungsbestimmungen. Von Dr. **R. Stephan,** Geh. Reg.-Rath, Mitglied des Kaiserlichen Patentamts. Vierte Auflage. 1 M.

23. **Gewerbe-Unfallversicherungsgesetz.** Von weil. Dr. **E. v. Woedtke.** Achte neubearbeitete Auflage von **Franz Caspar,** Direktor im Reichsamt des Innern. 2 M. 50 Pf.

24. **Aktiengesellschaft und Kommanditgesellschaften auf Aktien.** (Handelsgesetzbuch, II. Buch, Abschnitt 3 und 4.) Mit Anmerkungen von **H. Keyssner,**

Kammergerichtsrath und Dr. **H. Veit Simon,** Rechtsanwalt. Fünfte Auflage. Bearbeitet von Dr. **Hugo Keyssner** und **L. Keyssner.** 2 M. 25 Pf.

25. Reichsgesetz wegen **Erhebung der Brausteuer** vom 31. Mai 1872 mit Ausführungsvorschriften. Von **E. Bertho,** Regierungsrath. 1885. 1 M. 60 Pf.

26. Die Reichsgesetzgebung über **Münz- und Notenbankwesen,** Papiergeld, Prämienpapiere und Reichsschulden. Von Dr. jur. **R. Koch,** Präsident des Reichsbankdirektoriums. Fünfte Auflage. 3 M.

27. Die Gesetzgebung, betr. das **Gesundheitswesen** im Deutschen Reich für Behörden, Aerzte &c. Von Dr. jur. **C. Goesch** und Dr. med. **J. Karsten.** 1888. 1 M. 60 Pf.

28. **Bau-Unfallversicherungsgesetz.** Vom 30. Juni 1900. Von **R. Chrzescinski,** Kaiserl. Regierungsrath. Dritte Auflage. 2 M.

29. Reichsgesetz, betr. die **Erwerbs- und Wirthschaftsgenossenschaften.** Von **L. Parisius** und Dr. **H. Crüger.** Elfte Auflage bearbeitet von Dr. **H. Crüger.** 1 M. 50 Pf.

30. **Invalidenversicherungsgesetz** vom 13. Juli 1899. Von weil. Dr. **E. v. Woedtke.** Zehnte Auflage bearbeitet von Regierungsrat **H. Follmann.** 4 M.

31. **Gewerbegerichtsgesetz.** Von Stadtrath **L. Mugdan.** Sechste Auflage bearbeitet von **W. Cuno,** Erstem Bürgermeister zu Hagen i. W. ca. 2 M. 20 Pf.

32. Reichsgesetz, betr. die **Gesellschaften mit beschränkter Haftung.** Von **L. Parisius** und Dr. **H. Crüger.** Achte Auflage 1 M. 40 Pf.

33. Das **Vereins- und Versammlungsrecht** in Deutschland. Von Dr. **E. Ball,** Rechtsanwalt. 2 M. 25 Pf.

34. Reichsgesetz, betreffend die **Abzahlungsgeschäfte.** Vom 16. Mai 1894. Von **J. Hoffmann.** Zweite vermehrte Auflage besorgt von Dr. **E. Wilke,** Landgerichtsrath. 1 M. 20 Pf.

35. Die **Reichs-Eisenbahngesetzgebung.** Von **W. Coermann,** Kaiserl. Amtsrichter. 1895. 2 M. 25 Pf.

36. Gesetze, betr. die **privatrechtlichen Verhältnisse der Binnenschifffahrt und der Flößerei.** Erläutert von **H. Makower.** Dritte Auflage bearbeitet von **E. Löwe,** Landgerichtsrath. 3 M.

37. Gesetz zur **Bekämpfung des unlauteren Wettbewerbes.** Vom 27. Mai 1896. Von Dr. **R. Stephan,** Geh. Regierungsrath. Dritte Auflage. 1 M.

38/39. **Bürgerliches Gesetzbuch nebst Einführungsgesetz.** Nach dem Tode des ursprünglichen Herausgebers Reichsgerichtsraths a. D. Dr. **A. Achilles** in Verbindung mit Professor Dr **André,** Landrichter

Ritgen, Landrichter Strecker, Ober-Regierungsrath Dr. Unzner herausgegeben von Geh. Ober-Justizrath Greiff. Vierte Auflage. 8°. 6 M. 50 Pf.

Dieser Band ist in größerem Format erschienen!

40. Gesetz, betr. die Pflichten der Kaufleute bei Aufbewahrung fremder Werthpapiere (Depotgesetz). Mit Erläuterungen. Von F. Lusensky, Geh. Ober-Regierungsrath. Zweite Auflage. 1 M.

41. Börsengesetz. Vom 22. Juni 1896. Nebst Ausführungsbestimmungen. Unter Mitwirkung des Direktors im Reichsamt des Innern A. Wermuth bearbeitet von Regierungsrath H. Brendel. 1 M. 50 Pf.

42. Grundbuchordnung nebst den preußischen Ausführungsbestimmungen. Mit Einleitung. Von Professor Dr O. Fischer. Vierte Auflage. 2 M.

43. Die Gesetzgebung, betr. die Zwangsvollstreckung in das unbewegliche Vermögen im Reiche und in Preußen. Mit Einleitung, Kosten- und Gebührentabellen. Von Dr. J. Krech, Kaiserl. Geh. Regierungsrath und Professor Dr. O. Fischer. Vierte Auflage. 2 M.

44. Das Reichsgesetz über das Auswanderungswesen vom 9. Juni 1897 nebst Ausführungsverordnungen und Anlagen. Unter Benutzung amtlicher Quellen. Von Professor Dr. Felix Stoerk. 2 M. 25 Pf,

45. Das **Entmündigungsrecht** unter Berücksichtigung der für Preußen geltenden Vorschriften nebst der preußischen Justiz-Ministerial-Verfügung vom 28. November 1899. Text der civil- und prozeßrechtlichen Bestimmungen mit Erläuterungen von Landgerichtsrath Dr. **P. Koll** in Cöln. 1 M. 50 Pf.

46. Die Gesetze des Reiches und Preußens über die **freiwillige Gerichtsbarkeit.** Mit Einleitung von **Herm. Jastrow,** Amtsgerichtsrath. Vierte Auflage. 3 M.

47. Das **deutsche Vormundschaftsrecht** und das preuß. Gesetz über die Fürsorgeerziehung Minderjähriger nebst den dazu gehörigen preußischen Nebengesetzen. Mit Einleitung und Erläuterungen von **Max Schultzenstein,** Oberverwaltungsgerichtsrath und Amtsgerichtsrath Dr. **Paul Köhne.** Zweite Auflage. 3 M.

48. Gesetze und Verordnungen, betr. den **Drogen-, Gift- und Farbenhandel** außerhalb der Apotheken. Von Dr. **Broh,** Rechtsanwalt. 1 M. 25 Pf.

49. Deutsche **Kolonialgesetzgebung.** Von Professor Dr. **Philipp Zorn.** 4 M. 50 Pf.

50. Der **Viehkauf** (Viehgewährschaft) nach dem Bürgerlichen Gesetzbuche. Mit Erläuterungen von Rechtsanwalt Dr. **H. Stölzle.** Nebst Verordn. betr. die Hauptmängel und Gewährsfristen beim Viehhandel. Von **H. Weiskopf,** Königl. Kreisthierarzt in Augsburg. Dritte Auflage. 3 M.

51. **Hypothekenbankgesetz** vom 13. Juli 1899. Von Dr. **H. Göppert,** Gerichts-Assessor. 1 M. 80 Pf.

52. Gesetz, betreffend die gemeinsamen **Rechte der Besitzer von Schuldverschreibungen.** Von Dr. **Heinrich Göppert,** Gerichts-Assessor. 2 M.

53. **Reichspreßgesetz** vom 7. Mai 1874 nebst den einschlägigen Bestimmungen des Strafgesetzbuchs, der Gewerbeordnung &c. Kommentar von **A. Born,** Polizeiassessor. 1 M. 50 Pf.

54. Die Reichsgesetzgebung über den Verkehr mit **Nahrungsmitteln, Genußmitteln** und **Gebrauchsgegenständen.** Von Dr. **Georg Lebbin,** Nahrungsmittelchemiker. 2 M. 25 Pf.

55. Das **Recht der Beschlagnahme von Lohn- und Gehaltsforderungen.** Auf Grundlage der Reichsgesetze vom 21. Juni 1869 u. 29. März 1897 und der Civilprozeßordnung. Von Rechtsanwalt **Georg Meyer.** Zweite Auflage. 2 M.

56. Gesetz, betr. die **Bekämpfung gemeingefährlicher Krankheiten.** Nebst Ausführungsbestimmungen. Von Dr. **Bruno Burkhardt,** Regierungsrath, Mitglied des Kais. Gesundheitsamts. 1 M. 40 Pf.

57. **See-Unfallversicherungsgesetz.** Von **Dr. Max Mittelstein,** Oberlandesgerichtsrath in Hamburg. 2 M.

58. **Das Recht der unehelichen Kinder.** Ausgabe aller einschlägigen Bestimmungen des B.G.B. Von **Hermann Jastrow,** Amtsgerichtsrath. 1 M. 80 Pf.

59. Reichsgesetz über die **Beurkundung des Personenstandes und die Eheschließung.** Von Dr. **F. Fidler,** Amtsgerichtsrath. 1 M. 80 Pf.

60. Gesetz, betreffend das **Urheberrecht an Werken der Litteratur und der Tonkunst.** Von Gerichtsassessor **Otto Lindemann.** 1 M. 50 Pf.

61. Gesetz über das **Verlagsrecht.** Von Justizrath **Ernst Heinitz.** 1 M. 50 Pf.

62. Gesetz über die **privaten Versicherungsunternehmungen.** Von **H. Könige,** Ob.-Landsger.-Rath. 3 M.

63. **Gesetzestafel des Deutschen Reichsrechts.** Systematisch geordnete Nachweisung des z. Z. geltenden Reichsrechts. Ergänzungsband zu der Guttentag'schen Sammlung Deutscher Reichsgesetze. Von **Hugo Bruhns,** Syndikus. 2 M. 50 Pf.

64. Gesetzsammlung betr. den **Handel mit Drogen und Giften.** Reichsgesetzl. Bestimmungen und Anhang mit den landesgesetzl. Verordnungen sämmtlicher Bundesstaaten. Von Rechtsanwalt **H. Sonnenfeld,** Syndikus der Berliner Drogisten-Innung. 3 M.

65. Das **Weingesetz** vom 24. Mai 1901. Mit Ausführungsbestimmungen erläutert von Dr. **Georg Lebbin,** Handels- und Gerichtschemiker zu Berlin 1 M. 50 Pf.

66. Die **Eisenbahn-Gesetzgebung.** Von **W. Pietsch,** Geh. exp. Sekretär im Reichs-Eisenbahn-Amt. 5 M.

67. **Militär-Strafgesetzbuch.** Mit den Entscheidungen des Reichs-Militärgerichts von Dr. **Paul Herz,** Senats-Präsident am Reichs-Militärgericht und Kriegsgerichtsrath Dr. **Georg Ernst.** 3 M.

68. Das **Fleischbeschaugesetz.** Vom 3. Juni 1900. Mit Ausführungsges. u. Verordnungen im Reiche und in Preußen. Von Dr. **Georg Lebbin,** Gerichtschemiker und Rechtsanwalt Dr. **Georg Baum.** 4 M.

69. Reichsgesetz über die **Naturalleistungen der bewaffneten Macht im Frieden** nebst den zugehörigen in Preußen geltenden Bestimmungen. Von Regierungsassessor **Dr. Walter v. Hippel.** 1 M. 25 Pf.

70. Das **Reichs-Haftpflichtgesetz,** betr. die Verbindlichkeit zum Schadensersatz für die bei dem Betriebe von Eisenbahnen, Bergwerken, Steinbrüchen, Gräbereien und Fabriken herbeigeführten Tödtungen und Körperverletzungen, vom 7. Juni 1871. Von Regierungsrath Dr. **G. Eger.** Preis 3 M.

71. **Kinderarbeit in gewerblichen Betrieben,** v. 30. März 1903. Nebst der Preuß. Ausführ.-Anw. v. 30. Nov. u. d. Bek. des Reichskanzlers v. 17. Dez. 1903. Von **H. Spangenberg,** Oberverwaltungsgerichtsrath. Zweite vermehrte Auflage. 1 M. 60 Pf.

72. **Unfallversicherungsgesetz für Land- und Forstwirtschaft** vom wirkl. Geh. Rat Dr. **E. von Woedtke,** fortgesetzt von Dr. **Alfred Radtke,** Geh. Regierungsrat und Senatspräs. im Reichsversicherungsamt. 4 M. 50 Pf.

73. **Entschädigung für unschuldig erlittene Verhaftung und Bestrafung.** Nebst Anhang, enth. die dazu gehörigen Nebengesetze über Schadensersatz. Von Dr. jur. **A. Romen,** Geh. Kriegsrat und vortr. Rat im Kriegsministerium. 2 M.

74. Die **Kaufmannsgerichte** nebst den preuß. Ausführungsbestimmungen. Von Dr. **Max Apt,** Syndikus der Korporation der Berliner Kaufmannschaft. Dritte Auflage. 2 M.

Daraus einzeln: **Preuß. Ausführungsbestimmungen.** 50 Pf.

75. Reichsgesetz über die **Konsulargerichtsbarkeit.** Erläutert von Dr. iur. **A. F. Vorwerk,** Rechtsanwalt in Schanghai. 2 M.

76. **Die Rechtshilfe im Verkehr mit den ordentlichen Gerichten nach deutschem Reichsrecht.** Zusammenstellung aller in Betracht kommenden Gesetzesstellen. Von Landrichter Dr. **A. Friedländer.** 1 M. 80 Pf.

77. **Das Reichserbschaftssteuergesetz.** Vom 3. Juni 1906. Von **Ulrich Hoffmann,** Geh. Registrator im Königl. Preuß. Finanzministerium. 2 M. 60 Pf.

78. **Zigarettensteuergesetz.** Vom 3. Juni 1906. Von Dr. **Cuno,** Gerichtsassessor. 1 M. 80 Pf.

79. **Die Militärpensionsgesetze** vom 31. Mai 1906 nebst den Ausführungsbestimmungen. Zum praktischen Gebrauch für Heer, Marine und Schutztruppe, bearbeitet Dr. jur. **A. Romen,** Geheimer Kriegsrat und vortr. Rat im Kriegsministerium.
a) I. Teil: Offizierpensionsgesetz.
b) II. Teil: Mannschaftsversorgungsgesetz.
Jeder Teil ist einzeln käuflich.

80. Reichsgesetzgebung über **gerichtliche Registerführung.** Textausgabe der einschlägigen Gesetzesbestimmungen mit Anmerkungen und Sachregister von **Otto Lindemann,** Landrichter.

Guttentag'sche Sammlung

Preußischer Gesetze.

Text-Ausgaben mit Anmerkungen. Taschenformat.

---

1. Die **Verfassungs-Urkunde** für den Preußischen Staat. Mit Einleitung, vollständigem Kommentar. Von Prof. Dr. **Adolf Arndt.** Fünfte Auflage. 3 M.

2. Preußische **Beamten-Gesetzgebung.** Enthaltend die wichtigsten Beamtengesetze in Preußen. Von **C. Pfafferoth.** Vierte, neubearbeitete Auflage. 2 M.

3. **Die Aufnahme des Nottestaments** durch die bestellten besonderen Urkundspersonen. Anweisung vom 15. März 1904. Erläutert mit Musterbeispielen und einem Abriß des Erbrechts von Amtsgerichtsrath **C. Kurtz.** 1 M. 50 Pf.

4 **Gebührenordnung** für **Notare** vom 25. Juni 1895 nebst den einschlägigen Vorschriften des Preußischen Gerichtskostengesetzes. Von **R. Sydow.** Zweite Auflage bearbeitet von Dr. **E. Mosler,** Gerichtsassessor. 1 M. 50 Pf.

5. Gesetz vom **24. April 1854 (betr. die außereheliche Schwängerung).** Von Dr. **Schulze.** 75 Pf. Gültiges Recht siehe: Reichsgesetze Nr. 58,

6. **Die Preuß. Ausführungsgesetze und Verordnungen zu den Reichs-Justizgesetzen.** Von **R. Sydow.** Dritte vermehrte Auflage. 1895. 2 M. 40 Pf.

Siehe Seite 22, Busch, Ausführungsgesetze.

7. **Allg. Gerichtsordnung** vom 6. Juli 1793 und Preuß. **Konkursordnung** vom 8. Mai 1885. Von **F. Vierhaus,** Geh. Ober-Justizrath. Vergriffen.

8. **Vormundschaftsordnung.** Von **F. Schultzenstein.** Gültiges Recht siehe: Reichsgesetze Nr. 47.

9. Die Preußische **Grundbuchgesetzgebung.** Von Prof. Dr. **Fischer.** Vergriffen. Siehe: Reichsgesetze Nr. 42.

10. **Einkommensteuergesetz.** Von **A. Fernow,** Geh. Finanzrath. Fünfte Auflage. 2 M. 50 Pf.

11. **Gewerbesteuergesetz.** Von **A. Fernow,** Geh. Finanzrath. Vierte, vermehrte u. verbesserte Auflage. 2 M.

12. **Allgemeines Berggesetz** für die Preußischen Staaten vom 24. Juni 1865 nebst den preußischen Berggesetznovellen. Mit Einleitung, Erläuterungen und Sachregister bearbeitet von **W. Westhoff** und **W. Schlüter.** 4 M.

13. **Ergänzungssteuergesetz** (Vermögenssteuergesetz). Von **A. Fernow,** Geh. Finanzrath. Dritte vermehrte Auflage. 1 M. 50 Pf.

14. **Kommunalabgabengesetz.** Vom 14. Juli 1893 und Gesetz wegen Aufhebung direkter Staatssteuern. Von Dr. **F. Adickes,** Oberbürgermeister. Vierte Auflage. 1 M. 50 Pf.

15. Die **Kreisordnungen** für den Preußischen Staat. Von **O. Kolisch,** Landgerichtsrath. 1894. 4. M.

16. **Concessionirung gewerblicher Anlagen.** Preuß. Ausführungs-Anweisung zu §§. 16 u. ff. der Gewerbe-Ordnung. Von Dr. **W. v. Rüdiger,** Geh. Regierungs- u. Gewerberath. Zweite Auflage. 2 M.

17. Preußisches **Gerichtskostengesetz.** Mit Kostentabellen. Von Dr. **P. Siméon,** Landrichter. Vierte Auflage. 2 M. 25 Pf.

18. Preußisches **Stempelsteuergesetz** vom 31. Juli 1895. Mit den gesammten Ausführungsbestimmungen und vollständigen Tabellen. Von **P. Loeck,** Regierungsrath. Fünfte Auflage. 5 M.

Dieser Band ist in größerem Format erschienen.

19. Das **Jagdscheingesetz.** Mit ausführlichen Erläuterungen. Von **F. Kunze,** Wirklichem Geh. Ober-Regierungsrath. Zweite Auflage. 2 M.

20. Die **preußischen Erbschaftssteuergesetze.** Unter Berücksichtigung der Novelle vom 31. Juli 1895. Von **U. Hoffmann,** Geh. Registrator im Königl. preuß. Finanzministerium. 4 M.

(Reichserbschaftssteuergesetz s. Reichsgesetze Nr. 77.)

21. Gesetz über die **Handelskammern.** Vom 19. August 1897. Mit Erläuterungen von **F. Lusensky,** Geh. Regierungsrath. 3 M.

22. Gesetz, betr. **Anstellung und Versorgung der Kommunalbeamten.** Mit Ausführungsanweisung. Von Dr. **W. Ledermann,** Magistratsassessor zu Berlin 1 M. 25 Pf.

23. **Ausführungsgesetz zum Bürgerlichen Gesetzbuche.** Von Landrichter Dr. **P. Siméon.** 2. Aufl. 1 M. 80 Pf.

24. Die **Hinterlegungsordnung** in der Fassung des Ausführungsgesetzes z. B.G.B. v. 20. Sept. 1899 nebst Ausführungsbestimmungen. Von Regierungsassessor Dr. **Georg Bartels.** 1 M. 50 Pf.

25. **Preußische Kommunalbeamtengesetzgebung.** Von Magistratsassessor Dr. **Fr. Kremski,** Berlin. 3 M.

26. Die Preußischen Gesetze über das **Diensteinkommen der Lehrer und Lehrerinnen, ihren Ruhegehalt und die Fürsorge für ihre Hinterbliebenen,** sowie einer Tabelle zur Berechnung der Ruhegehalts-, Wittwen- und Waisenbezüge. Von Dr. **Ed. Cremer,** Beigeordneter. 2 M. 40 Pf.

27. Gesetz, betreffend die **Waarenhaussteuer.** Von Geh. Ober-Finanzrath Dr. **G. Strutz.** 1 M. 20 Pf.

28. Gesetz über die **Fürsorgeerziehung Minderjähriger.** Nebst Ausführungsanweisungen. Von Landgerichtsrath Dr. **P. F. Aschrott.** 2 M. 80 Pf.

29. Gesetz, betr **die ärztlichen Ehrengerichte, das Umlagerecht und die Kassen der Aerztekammern.** Von Amtsgerichtsrath Dr. **Fidler.** 1 M. 50 Pf.

30. **Die das Preußische Staatsschuldbuch und Reichsschuldbuch** betr. Gesetze nebst Ausführungsbestimmungen. Von Wirkl. Geh. Ober-Finanzrath **J. Mücke**, Mitglied der Staatsschuldenverwaltung. 2 M.

31 a. **Die geltenden Preußischen Gesindeordnungen.** Herausgegeben in zwei Bänden von **Stephan Gerhard**, Rechtsanwalt in Berlin.

Band I: Gesindeordnung für die altpreußischen Provinzen vom 8. XI. 1810, mit Erläuterungen unter Berücksichtigung der Ergänzungsgesetze und der Rechtsverhältnisse der Gesindevermiether, sowie die Gesindeordnung für Neuvorpommern und Rügen und für die Rheinprovinz. 2 M. 50 Pf.

31b. **Band II:** Gesindeordnungen für Hannover, Schleswig-Holstein, Hessen-Nassau und den Regierungsbezirk Hohenzollern. 2 M. 50 Pf.

32. **Die Städteordnung für die sechs östlichen Provinzen Preußens vom 30. Mai 1853 nebst ihren gesetzlichen** Ergänzungen. Von **Dr. jur. Walter Ledermann**, Magistrats-Assessor zu Berlin. 6 M.

Dieser Band ist in größerem Format erschienen!

33. **Rentenguts- und Anerbenrechts-Gesetzgebung in Preußen.** Von Landgerichtsrath **M. Peltasohn** und Rechtsanwalt **Bruno Peltasohn.** 3 M.

34. Sammlung der wichtigsten **Preußischen Strafgesetze** nebst Anhang: Gesetz betr. polizeiliche Strafverfügungen vom 23. April 1883. Von **Otto Lindemann,** Amtsrichter. 2 M. 50 Pf.

Inhalt: Mobiliar-Feuerversicherung — Chausseegeld — Jagdpolizei — Jagdschein — Wild-Schonzeit — Fischerei — Versammlungs- u. Vereinigungsrecht — Belagerungszustand — Gesindedienstpflichten — Mineraliengewinnung und -Aneignung — Schlachthäuser — Dampfkesselbetrieb — Wandergewerbebetrieb — Reblausverbreitung — Forstdiebstahl — Wald- u. Wassergenossenschaften — Feld- u. Forstpolizei — Lotteriespiel — Verkehrsabgaben — Landestrauer.

35. **Geschäftsordnung für Gerichtsvollzieher.** Gerichtsvollzieherordnung und Gebührensätze von Amtsgerichtssekretär a. D. **Emil Exner.** 3 M. 50 Pf.

36. Die Gesetzgebung über **Polizeiverordnungen in Preußen** von **Otto Lindemann,** Amtsrichter in Köslin. 1 M. 50 Pf.

37. Gesetz über die **Enteignung von Grundeigentum** vom 11. Juni 1874 von Landrichter **O. Meyer.** 2 M.

38. **Kreis- und Provinzial-Abgabengesetz.** Vom 23. April 1906. Von **Fr. Schmidt,** Gemeindevorsteher.

Guttentag'sche Sammlung von Text-Ausgaben mit Sachregister **ohne** Anmerkungen.

Militärstrafgerichtsordnung für das Deutsche Reich, nebst **Einführungsgesetz** und Gesetz, betr. die Dienstvergehen der richterlichen Militärjustizbeamten und die unfreiwillige Versetzung derselben in eine andere Stelle oder in den Ruhestand. **Militär-Strafgesetzbuch** mit Abdruck der entsprechenden Bestimmungen des Reichs-Strafgesetzbuchs. Zweite Auflage. 1 M. 50 Pf.

Reichsstempelgesetz (Börsensteuergesetz). Mit Tabellen zur Berechnung der Reichsstempelabgaben. 1 M. 50 Pf.

Die Preußischen Ausführungsgesetze zum Bürgerlichen Gesetzbuche und den anderen Reichs-Justizgesetzen nebst Verordnungen, Ministerialerlassen und Geschäftsordnungen. Von **L. Busch,** Kammergerichtsrat. Zweite Ausgabe. 8°. Preis geb. 3 M.

Die Preußischen Ausführungsgesetze zum Bürgerlichen Gesetzbuche und Nebengesetze. Text-Ausgabe **ohne** Anmerkungen. Fünfte Auflage Taschenformat. Preis geb. in ganz Leinen 1 M. 80 Pf.

Handbuch des Testamentsrechts

mit zahlreichen Beispielen und Formularen.

Dargestellt von **Heinrich Pelser,** Landgerichtsrat in Danzig. gr. 8°. Preis 8 M., geb. in ganz Leinen 9 M.

Schlagwort-Register.

R. = Nummer der Sammlung Deutscher Reichsgesetze.
P. = Nummer der Sammlung Preußischer Gesetze.
S. = Seite.

FSC
www.fsc.org
MIX
Papier | Fördert gute Waldnutzung
FSC® C083411

Kolibri 360 GmbH
Ferdinand-Jühlke-Straße 7
99095 Erfurt, Deutschland
produktsicherheit@kolibri360.de